INDIANER

DAS LEBEN DER UREINWOHNER NORDAMERIKAS

INDIANER

DAS LEBEN DER UREINWOHNER NORDAMERIKAS

Laura Buller

Fachliche Beratung
Dr. Darren Ranco

Dorling Kindersley

EINLEITUNG

Stell dir vor, du wärst ein europäischer Forschungsreisender, der im Auftrag seines Königs den Ozean überquert hat, um in Nordamerika, der Neuen Welt, nach sagenhaften Schätzen zu suchen. Eines Tages würdest du einer Gruppe von Menschen begegnen, die aussehen, als würden sie dich gerne fragen: „Und wer bist du?"

In Wirklichkeit war Nordamerika keine „neue Welt". Mindestens 30 000 Jahre vor Ankunft der Europäer wurde es von Menschen besiedelt, die sich hervorragend an die

BISONJÄGER DER PLAINS VERLASSEN DAS DORF.

herrschenden Lebensbedingungen anpassten. Wir nennen diese Menschen Indianer, und in diesem Buch geht es um ihre Lebensweise, ihre Geschichte und ihre Kultur.

Zuerst werden einige Gebräuche und Glaubensvorstellungen beschrieben, die in ihrer Welt eine maßgebliche Rolle spielten. Du lernst ihre Häuser kennen, zu denen Iglus ebenso gehörten wie mehrstöckige Wohngebäude. Du erfährst, auf welche Weise sie sich ihre Nahrung beschafften und wie es manchen Stämmen gelang, unter schwersten Bedingungen zu überleben. Du wirst einiges über traditionelle Kunst und über Handwerk lernen, über wichtige Zeremonien und über die heilige Kraft der Geisterwelt.

Man sollte nicht verallgemeinern, wenn man über Menschen spricht, die mindestens 300 verschiedenen Stämmen angehörten. Deshalb behandelt der zweite Teil dieses Buchs die Stämme nach Regionen getrennt; Menschen, die unter ähnlichen Bedingungen lebten, entwickelten meist auch ähnliche Kulturen. Auf diese Weise lernst du u.a. die Totemschnitzer der Nordwestküste kennen, die Bisonjäger der Prärie und die kalifornischen Jäger und Sammler.

In diesem Buch geht es hauptsächlich darum, wie die Indianer früher lebten, aber auch heute noch sind sie und ihre Kultur sehr lebendig.

Wer mehr über das traditionelle und moderne Leben der Indianer erfahren will, findet hinten im Buch und auf den schwarzen Seitenecken die Adressen interessanter Websites zum Thema.

WER SIND DIE INDIANER?

Vor Zehntausenden von Jahren überquerten Gruppen von Jägern eine Landbrücke, die sie von Asien auf einen neuen Kontinent führte. Im Laufe der Jahrhunderte besiedelten die Nachfahren dieser ersten Amerikaner den gesamten Kontinent, von Alaska im Norden bis hinunter nach Südamerika. Als europäische Seefahrer Amerika im Jahre 1492 „entdeckten", lebten allein in Nordamerika Millionen von Menschen, verteilt auf etwa 300 Stämme. Jeder Stamm besaß seine eigenen Sagen und Gebräuche, seine eigene Sprache und Lebensweise.

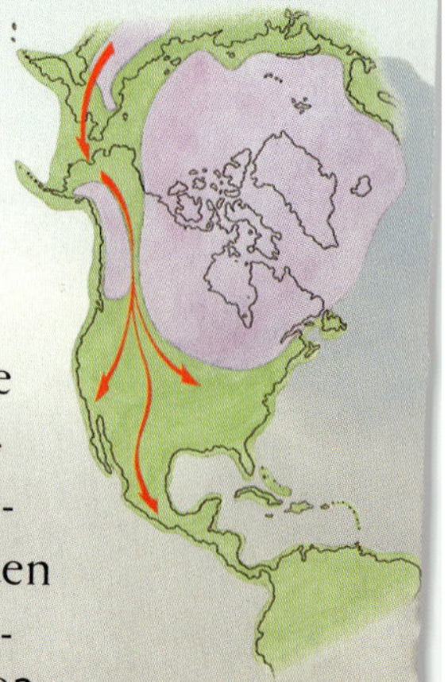

EINWANDERUNG VON ASIEN NACH NORDAMERIKA

Über die Brücke

Wir wissen nicht genau, wann und wie die ersten Amerikaner den Kontinent erreichten. Man nimmt an, dass es während der letzten Eiszeit vor 35 000 bis 10 000 Jahren geschah. Riesige Eisflächen, Gletscher genannt, bedeckten einen großen Teil der nördlichen Welt. Weil sehr viel Wasser der Ozeane in den Gletschern eingefroren war, waren die Meere der Eiszeit kleiner und flacher, und ein großer Teil des heute über-

DIE FRÜHEN JÄGER TRIEBEN MAMMUTS IN FALLGRUBEN UND TÖTETEN SIE, INDEM SIE SIE MIT SCHWEREN STEINEN BEWARFEN.

STEINSPITZEN VON JAGDWAFFEN, VOR ÜBER 10 000 JAHREN VON JÄGERN ZUGESCHLIFFEN.

schwemmten Landes war trocken. Die 80 km breite Lücke zwischen Sibirien und Alaska ist heute überschwemmt. In der Eiszeit aber verband eine Landbrücke die beiden Kontinente, sodass die Einwanderer trockenen Fußes hinüberkamen.

Dicke Beute

Die ersten Menschen, die nach Amerika einwanderten, suchten vermutlich nicht nach einer neuen Heimat oder nach aufregenden Abenteuern, sondern nach etwas Essbarem: ihrer Jagdbeute, die z.B. ein Mammut gewesen sein könnte. Ein Mammut hatte genug Fleisch, um eine Gruppe von Jägern und ihre Familien über den Winter zu bringen; außerdem konnte man aus dem Fell warme Kleidung herstellen. Mit Häuten bedeckt, boten die Knochen des erlegten Riesentiers sogar Schutz vor Wind und Wetter.

Megainteressant
Die Schöpfungsgeschichten vieler Indianerstämme erzählen nicht, dass die Vorfahren aus Asien oder anderen fernen Gegenden kamen, sondern dass auch sie schon auf dem Territorium des Stammes lebten.

Die Jäger erlegten aber nicht nur Mammuts, sondern auch andere große Tiere, wie Säbelzahntiger oder bärengroße Biber. Die Jäger waren mit Steinen bewaffnet, die zu Messern, Pfeil- und Speerspitzen geformt und scharf zugeschliffen waren.

Kontinentalwanderung
Das neue Land bot gute Jagdgründe und essbare Muscheln, wilde Beeren und Pflanzen, die als Ergänzung zum Mammutfleisch dienten. Den ersten Jägern und Sammlern folgten weitere. Manche wanderten mit den Tieren weiter. Sie entwickelten bessere Waffen und Hütten, die sie mitnahmen. Andere wagten sich über eine vereiste Zone in den Westen des Kontinents, wo sie so viel Nahrung fanden, dass sie sich dort niederließen.

Die Anasazi bauten ab 1000 v.Chr. im Schutz dieser überhängenden Felsenklippe mehrstöckige Häuser.

Sie lernten, Getreide anzubauen (besonders Mais), zu töpfern, Körbe zu flechten, stabile Häuser zu errichten und Handel zu treiben.

Die Einwanderer breiteten sich immer weiter aus, auch nach Osten, bis der gesamte Kontinent besiedelt war. Am Ende der Eiszeit verschwand die Landbrücke unter dem ansteigenden Ozean, es gab kein Zurück.

IN NORDAMERIKA LEBTEN UM 1500 ÜBER EINE MILLION MENSCHEN.

Kulturräume

Von Beginn an entwickelte jeder Indianerstamm seine eigenen Sitten und Gebräuche. Angesichts der geografischen und klimatischen Verschiedenheiten der Landschaften und der Rohstoffe, die sie vorfanden, ist dies nicht verwunderlich. Die Menschen spezialisierten sich und wurden Baumeister, Fischer, Bauern, Jäger, Bewohner von Felsenhäusern, Räuber, Weber, Töpfer oder Schnitzer.

Alle, die in ähnlicher Umgebung lebten, behielten viele Gemeinsamkeiten. Deshalb haben Ethnologen (Völkerkundler) die Stämme in zehn Kulturräume eingeteilt.

WEB-TIPP
www.nps.gov/bela
Die Homepage der Beringstraße

Megainteressant

Die einzigen Haustiere, die mit den Jägern nach Amerika hinüberwanderten, waren Hunde. Sie waren Gehilfen bei der Jagd und mussten manchmal auch als Notration herhalten.

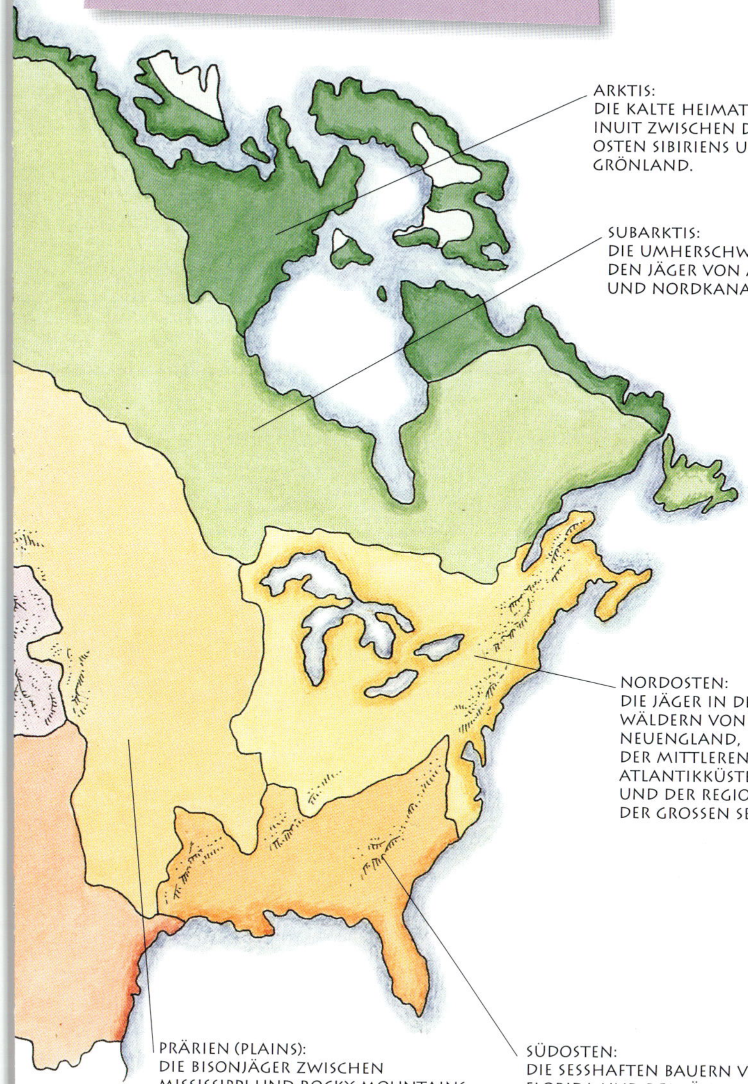

GEISTERWELT

Unsichtbar, doch unbesiegbar ist die Geisterwelt – das ist der Kern indianischer Religionen. Es gibt keine gemeinsame Religion und nur wenige Stämme glauben, dass ein „Großer Geist" die Welt beherrscht. Doch die Glaubenssysteme teilen eine starke Bindung an eine Geisterwelt, deren Kraft sich auf das menschliche Leben auswirkt. Die meisten Indianer glauben, dass alles in der Natur seine besondere Kraft besitzt, und deshalb versuchen sie, in Harmonie mit der Erde zu leben.

Die Kraft der Geister
Die Indianer stellten sich die Kraft der Geister als hilfreich vor; sie sollte Menschen heilen, in der Schlacht Beistand leisten, reiche Beute oder reiche Ernte herbeiführen können. Viele Stämme glaubten, dass Dinge, die für ihr Überleben wichtig waren, mit starken Kräften oder Geistern ausgestattet waren. Sie glaubten u.a. an Regengeister in der Wüste und Bisongeister auf den Prärien. Geister konnten gut oder böse sein und durch besondere Zeremonien und besondere Menschen angesprochen werden.

MENSCHEN, ORTE, PFLANZEN, DINGE UND TIERE BESASSEN STARKE KRÄFTE.

BEIM ERSTEN FRÜHLINGSSTURM BOTEN DIE BLACKFOOT DEM DONNERGEIST EINE HEILIGE DONNERMEDIZINPFEIFE AN.

Visionen

Wie rief man die Geisterwelt an? Eine Möglichkeit war, sie durch den persönlichen Schutzgeist anzusprechen. Die meisten Stämme glaubten, dass jeder einen oder mehrere Schutzgeister besaß, die ihm im Leben halfen. Der Schutzgeist zeigte sich dem Heranwachsenden im Rahmen einer besonderen Zeremonie. Junge Leute wanderten allein in die Wildnis hinaus, fasteten, verzichteten auf Schlaf, verwundeten sich selbst und warteten auf ihre Vision.

Heilige Zeremonien

Eine weitere Möglichkeit, Kontakt mit den Geisterkräften aufzunehmen, boten besondere Zeremonien. Anstatt in eine Kirche, Synagoge oder Moschee zu gehen, versammelten sich die Indianer an ihren eigenen heiligen Orten. Die Zeremonien folgten den Vorgaben bestimmter Überlieferungen und wurden von Menschen geleitet, die den Umgang mit dem Heiligen über lange Zeiträume hinweg erlernt hatten. Manche fanden zu bestimmten Zeiten

SCHAMANEN (PRIESTER UND HEILER) DER PLAINSINDIANER DANKEN DER GEISTERWELT UND SPRECHEN GEBETE.

FALSCHGESICHTMASKE DER CAYUGA, DIE BEI HEILZEREMONIEN FÜR LEIDEN WIE Z.B. KOPFSCHMERZEN GETRAGEN WURDE.

des Jahres statt (Erntezeit oder Neumond), andere bei bedeutenden Ereignissen (z.B. die Aufnahme in einen Geheimbund), zur Erneuerung der Verbindung zur Geisterwelt oder als Gebet für lebenswichtige Dinge. Musik gehörte dazu, man sang und tanzte zu rhythmischen Klängen von Rasseln und Trommeln.

Der Schamane

Aufgabe eines Schamanen war es, Träume zu deuten, Verletzte zu pflegen, den Glauben des Stammes zu erklären und zu verbreiten und die Kranken mit Magie und etwas Medizin zu heilen, weshalb Europäer sie auch „Medizinmänner" nannten. Einige ihrer Heilmethoden waren Tricks. So konnte ein Schamane einen „Fremdkörper" aus dem Körper des Kranken saugen – den er zuvor im eigenen Mund versteckt hatte – und erklären, dies sei die Ursache der Krankheit. Viele Kräutermittel der Schamanen aber waren hochwirksam und werden heute noch verwendet.

Medizinbeutel

Seine geheimen Heilmittel trug ein Heiler in einem Beutel mit sich. Darunter waren Kräuter und vor allem Tabak, dem man magische Kräfte zuschrieb und der daher bei religiösen Zeremonien eine Rolle spielte. Ein Heiler konnte eine Heilungszeremonie

damit beginnen, Tabakrauch über einen Kranken zu blasen, und Tabaksaft wurde in einen Schlangenbiss oder Insektenstich geträufelt, um den Schmerz zu stillen.

Heiler im Südosten behandelten Schmerzen mit Salicylsäure – die auch in Aspirin enthalten ist. Koffein, Chinin und Kräutertees waren weitere wirksame Heilmittel.

Treu dem Glauben

Obwohl viele Europäer vor der religiösen Intoleranz in ihrer Heimat in die neue Welt geflohen waren, tolerierten sie den Glauben der Indianer nicht. Manche versuchten um jeden Preis, die Indianer zum Christentum zu bekehren, und gingen so weit, heilige Orte zu besetzen und religiöse Zeremonien zu verbieten. Trotzdem konnten viele Indianer ihren Glauben lebendig erhalten.

WEB-TIPP
www.schwitzhuetten.de

VOR VIELEN HEILIGEN ZEREMONIEN REINIGTEN SICH DIE MENSCHEN BEIM AUSSCHWITZEN BÖSER GEISTER IN EINER SAUNAÄHNLICHEN HÜTTE.

FAMILIENLEBEN

Pawnee oder Pomo, Shawnee oder Sioux – allen Indianern war das Familienleben wichtig. Männer, Frauen und Kinder hatten unterschiedliche Aufgaben, doch arbeiteten alle zusammen, um die Lebensvoraussetzungen zu schaffen. Verwandte lebten eng beieinander und Tanten, Onkel und Großeltern halfen bei der Kindererziehung und Unterweisung in Lebensweise und Kultur des Stammes. Häufig versammelte man sich auch nur, um sich zu unterhalten oder zu feiern.

BEI DEN INDIANERN NORDAMERIKAS WAREN DIE FAMILIENBANDE ENG.

Spielen und lernen
Wie würde dein Leben aussehen, wenn du ein Indianerkind (in einem früheren Jahrhundert) wärst? Du bräuchtest keine Schulbücher. Kinder lernten, indem sie Eltern und älteren Geschwistern bei den täglich anfallenden Arbeiten halfen. Kleine Kinder blieben immer in der Nähe der Erwachsenen und lernten durch Beobachten. Außerdem lernten die Kinder durch Zuhören, wenn ältere Verwandte ihnen Sagen und Märchen erzählten, aber auch Tipps für Haushalt und Jagd

MIT DIESEM PFERD, KOMPLETT MIT DECKE UND ZÜGEL, SPIELTE EINST EIN ARAPAHOKIND.

DER APACHENHÄUPTLING ANTONIO MARIA UND SEINE FAMILIE POSIEREN 1897 FÜR EIN FOTO IN TRADITIONELLER KLEIDUNG.

JUNGEN ÜBTEN SICH FRÜH MIT KLEINEN PFEILEN UND BÖGEN IM BOGENSCHIESSEN.

gaben. Genau wie du lernten sie jedoch auch beim Spielen. Es gab jede Menge Spielzeug, mit dem man das Leben der Erwachsenen nachspielen konnte, wie kleine Bögen und Pfeile, Miniaturkochtöpfe, Puppen und Tipis in Kindergröße. Die Kinder kannten auch viele Spiele im Freien und fanden immer Spielgefährten, mit denen sie auch sportliche Wettbewerbe veranstalten konnten. Wenn der Stamm Pferde hielt, bekamen die Kinder ihre ersten Reitstunden, sobald sie sitzen konnten, und wer am Wasser lebte, ging täglich schwimmen – zu jeder Jahreszeit.

Schwierig, schwierig

Wenn Jungen und Mädchen erwachsen wurden, fühlten sie sich auf das Erwachsenenleben gut vorbereitet. Viele Stämme feierten diesen Übergang mit besonderen Zeremonien. Bei manchen wurden die Mädchen geprüft, ob sie Frauenarbeiten beherrschten; Jungen mussten ihren Mut und ihre Kraft unter Beweis stellen. Bei manchen wurden die Jungen ohne

MEGAINTERESSANT

DIE KRIEGER DES ÖSTLICHEN WALDLANDS TRUGEN ALS KOPFSCHMUCK OFT ROACHES GENANNTE ROT GEFÄRBTE, LANGHAARIGE FELLSTREIFEN, DIE SIE OBEN AM KOPF FESTSTECKTEN.

Nahrung in der Wildnis ausgesetzt, um ihre psychischen und körperlichen Fähigkeiten zu erproben. Nach den Prüfungen stand den Jungen und Mädchen aber die schwerste Aufgabe noch bevor: einen Partner zu finden.

Liebeswerben

Indianer heirateten bereits im Teenageralter. Die Familie suchte den Partner aus, aber Jungen durften bei der Wahl ihrer Zukünftigen mitreden. Wenn der erste Kontakt hergestellt war – durch ein Geschenk, ein Liebeslied oder den Tipp einer weiblichen Verwandten – versuchten die jungen Leute, ihre zukünftige Familie für sich einzunehmen. Das Mädchen konnte vor seinem Haus Mais mahlen oder einen Korb flechten, damit seine Mutter ihre Arbeit bewundern kam. Der Junge wiederum überschüttete ihre Familie mit Geschenken. Wenn beide

EINE OJIBWAFAMILIE BEI ARBEIT UND SPIEL INMITTEN IHRER BIRKENRINDENZELTE IM SOMMERLAGER AN DEN GROSSEN SEEN.

KRIEGER DER MANDAN SITZEN MIT GRIFFBEREITEN WAFFEN IN EINEM ERDHAUS.

Familien zufrieden waren, galt die Ehe als geschlossen.

Junges Glück

Das neue Paar zog meist zur Familie der Frau, manchmal sogar in deren Haushalt, aber auf jeden Fall in die Nähe. Vom jungen Ehemann wurde erwartet, dass er mit der Familie zusammenarbeitete und seine Schwiegermutter sehr respektvoll behandelte. Seine Hauptaufgabe war, Nahrung zu beschaffen – durch Jagd oder Ackerbau. Natürlich blieb er mit seiner eigenen Familie verbunden, aber die Kinder des Paares gehörten zur Familie der Frau. Die junge Ehefrau erledigte die Hausarbeit wie Ackerbau, das Sammeln von Essbarem, Kochen, das Nähen von Kleidern und die Instandhaltung des Hauses. Manchmal zog ein junges Paar aus, wenn es das erste Baby erwartete, aber meistens blieben die jungen Leute und ließen sich bei der Erziehung des Kindes helfen.

Enge Bande

Familienbande waren und sind bei den Indianern sehr eng. Dies war besonders in kargen Regionen sehr wichtig, denn das Überleben der Familie hing davon ab, dass alle zusammenarbeiteten. Große Familien, die aus Brüdern, Schwestern, Onkeln, Tanten, Cousins und Großeltern bestehen konnten, teilten die tägliche Arbeit unter sich auf. Auch Alte und Kranke halfen mit, soweit möglich. Manchmal wurden auch weiter entfernte Verwandte als Familienmitglieder betrachtet. Solche Großfamilien wurden als Clan bezeichnet.

Trautes Heim ...

Gleichgültig, wie groß die Familie war: Wenn es Nacht wurde, brauchten alle einen Schlafplatz.

MODELL EINES IROKESEN-LANGHAUSES FÜR ACHT FAMILIEN: ÜBER EIN HOLZGESTELL WURDE ULMENRINDE GESPANNT.

ERNTEKORB DER IROKESEN, MIT GETROCKNETEN MAISKOLBEN GEFÜLLT.

Der Typ von Behausung, den sich Indianer bauten, war von den verfügbaren Rohstoffen abhängig, vom Klima und von der geplanten Lebensdauer. Jäger und Sammler lebten in einfachen Unterständen, die man leicht auf- und abbauen konnte. Es waren zeltartige Konstruktionen aus einem Gerüst aus Stangen, das mit Gestrüpp, Schilfmatten oder Tierhäuten bedeckt wurde. Auch Iglus ließen sich schnell bauen.

Bauern und andere, die sesshaft waren, errichteten größere, stabilere Häuser aus Holzstämmen oder Brettern, Lehm und Erde oder Stein. Es gab Häuser für eine Familie und solche, in die eine ganze Dorfbevölkerung passte. Die Möbel bauten sich die Indianer selbst. Manche Stämme waren zu sehr mit Jagen und Sammeln beschäftigt, um viel Aufwand zu betreiben, bei anderen war das Heim gemütlich eingerichtet.

Was gibt's heute?
Die Küche ist das Herz des Hauses, und für einen typischen indianischen Haushalt traf dies auf jeden Fall zu, denn das Kochfeuer beheizte den gesamten Innenraum. Der Inhalt des Kochtopfes war von der jeweiligen Umgebung abhängig. Manche Menschen aßen überwiegend Fleisch oder Fisch, während andere von Mais, Bohnen und Kürbissen und nur gelegentlich Fleisch lebten. Indianer als Meister im Sammeln essbarer Wildpflanzen rundeten ihre Mahlzeiten mit Wurzeln und Beeren ab. Das Essen wurde mitunter im Freien gekocht, über einem Feuer oder in einer backofenähnlichen, mit Steinen ausgelegten Grube. Fleisch und Gemüse wurden getrocknet und für schlechte Zeiten aufbewahrt.

SAUK-HÄUPTLING KEOKUK TRÄGT EINEN KOPFSCHMUCK AUS FEDERN UND EINE HALSKETTE AUS BÄRENKLAUEN.

Ausgehfein

Man schläft, man isst, was zieht man an? Indianer trugen die unterschiedlichsten Sachen, je nachdem, in welchem Klima sie lebten und welches Material sie hatten. Die meisten Stämme fertigten reich verzierte Kleidung für festliche Gelegenheiten. Die Alltagskleidung war aus Hirsch- und Gazellenleder, Pelze und Federn dienten als Ergänzung oder Schmuck. Aus Baumrinde und anderen Pflanzenstoffen wurden Umhänge gewebt und Hüte und Sandalen geflochten. Wenn es kälter wurde, zogen die Menschen mehrere Schichten übereinander an. Das Haar wurde mithilfe von Bärenfett oder Fischöl gestylt, Körperbemalung war im Krieg und bei bestimmten Zeremonien üblich.

DER ALLTAG

Was taten die Menschen den ganzen Tag? Jagen, fischen, sammeln, sich um die Pflanzen kümmern, die sie anbauten, spielen und schlafen ... und dann standen sie auf und begannen von vorn. Ein großer Teil des Tages wurde mit der Nahrungssuche verbracht, aber es blieb noch genug Zeit, um das Tipi aufzuräumen und mit Freunden zusammen zu sein.

Die Jagdgründe

Seit dem Augenblick, als die ersten Mammutjäger den amerikanischen Kontinent betreten hatten, war die Jagd der wichtigste Bestandteil des Lebens der Indianer. Auch Menschen, die sich hauptsächlich von dem ernährten, was sie ernteten, jagten nebenher. Beliebteste Beute waren Tiere mit Fell (Antilopen, Bären, Bisons,

EIN FISCHER IN SEINEM KANU HÄLT NACH FISCHEN UND ANDEREN ESSBAREN WASSERBEWOHNERN AUSSCHAU.

Hirsche, Elche, Biber, Kaninchen), Federn (Enten, Gänse) und Flossen (Robben, Seelöwen, Wale). Auf der Jagd wurden die gleichen Waffen benutzt wie im Krieg: Keulen, Speere, Pfeile und Bögen. Im Südosten schoss man mit Blasrohren auf Vögel und kleine Tiere. Keine dieser Waffen aber eignete sich für größere Entfernungen.

Deshalb ließen sich die Jäger besondere Taktiken einfallen. Sie schlichen sich an die Beute an, trieben sie in Fallen oder betäubten sie. Viele Stämme hatten eigene spezielle Jagdgründe, in die sie Jahr für Jahr zurückkehrten.

DAS ÜBERLEBEN DES STAMMES HING VON GUTEN NAHRUNGSQUELLEN AB.

Mit Schnur und Haken
Stämme, die am Wasser lebten, ernährten sich von Flossentieren. Sie fingen die Fische, Muscheln, Aale und Schildkröten mit Speeren, Harpunen, geflochtenen Reusen und Netzen, Schnüren und Haken und sogar mit bloßen Händen. Einige Stämme fischten nachts. Mit Fackeln, die an den Kanus befestigt waren, wurden die Fische an die Oberfläche gelockt, wo man sie leicht mit dem Netz fangen oder harpunieren konnte. Im Norden war der Eulachon oder Kerzenfisch sehr begehrt. Sein Öl war ein beliebtes Würzmittel, aber er

BERITTENE JÄGER ZIELEN MIT PFEIL UND BOGEN AUF BISONS, DEREN FLEISCH UND HÄUTE SEHR GESCHÄTZT WURDEN.

FRAUEN BEREITEN NAHRUNGSMITTEL ZU.

konnte auch getrocknet und wie eine Fackel verbrannt werden. Möglicherweise gab er viel Licht, aber sicher roch er dabei nicht besonders gut.

Feldfrüchte

Wenn du gerne Kartoffeln isst, dann solltest du den Indianern dankbar sein, denn sie bauten diese Nutzpflanze als erste an – zusammen mit Tomaten, Paprika, Melonen, Süßkartoffeln und Erdnüssen. Grundnahrungsmittel waren allerdings eher Mais, Bohnen und Kürbisse. Diese Pflanzen waren leicht anzubauen und ließen sich gut trocknen und lagern.

Bei einigen Stämmen war Feldarbeit Männerarbeit, bei anderen waren die Frauen verantwortlich. Die Arbeit war hart, und als Werkzeug dienten nur Grabstöcke und Hacken aus Stein oder Knochen, geerntet wurde von Hand. Eine Pflanze, die fast alle Stämme anbauten, sogar die Bisonjäger der Prärie, war der Tabak, der bei religiösen Zeremonien nicht fehlen durfte.

MEGAINTERESSANT

EXPERTEN MEINEN, DASS ÜBER DIE HÄLFTE DER HEUTE AUF DER GANZEN WELT VERSPEISTEN NAHRUNGSMITTEL ZUERST VON INDIANERN ANGEBAUT WURDE.

Nahrung sammeln

Viele Dinge musste man zum Essen einfach nur aufheben, wie Beeren, Nüsse, Wurzeln, Knollen, Samen und Körner. Einige Stämme lebten fast ausschließlich von dem, was sie tagsüber gesammelt hatten. Manche, die in sehr trockenen Regionen lebten, sammelten sogar ihr Trinkwasser – indem sie nach wasserspeichernden Wurzeln gruben.

Die Sammler wussten, dass jede Frucht ihre Jahreszeit und ihren Platz hat. Indem sie den natürlichen Zyklus beachteten, konnten sie genug finden, um ihr Wanderleben weiterzuführen.

DIE BAUERN DES SÜDWESTENS ZÜCHTETEN EINEN MAISTYP, DER AUCH IN DER HITZE DER WÜSTE GEDIEH.

DER GANZE STAMM BEIM LACROSSE, EINEM STOCK- UND BALLSPIEL, DAS IN GANZ NORDAMERIKA BELIEBT WAR.

Hausarbeit

Auch wenn das Abendessen erjagt, gefischt oder gesammelt worden ist, bleibt noch Arbeit zu erledigen. Vielleicht hat das Zelt ein Loch und muss geflickt werden; oder am wichtigsten Kochtopf hat sich der Griff gelockert; oder die Mokassins sind durchgelaufen. Viele Stunden wurden damit verbracht, Werkzeuge, Waffen, Kleidungsstücke und das Haus instand zu halten.

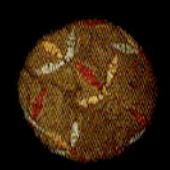

TOO-STÖCKE FÜR EIN WURFSPIEL DER CREE SOWIE EIN LEDERBALL DER ARAPAHO FÜR SHINNY, EIN SPIEL DER PRÄRIEINDIANER.

Man konnte nicht einfach einen Handwerker kommen lassen; die meisten Leute reparierten alles selbst.

Spielzeit

Immer nur Arbeit macht keinen Spaß. Die Indianer liebten Spiele. Es gab Mannschaftsballspiele wie Stockball und Shinny, Wettspiele wie Wettrennen und Rennen mit Reifen und Stöckchen und auch Glücksspiele. Über den Ausgang von Wettspielen wurden gerne Wetten abgeschlossen, und die Prärieindianer waren dafür bekannt, dass sie ihre Pferde und Hemden verwette-

ten. Männer und Frauen spielten nie zusammen in einer Mannschaft und bevorzugten auch unterschiedliche Spiele. Kinder spielten oft vereinfachte Versionen der Erwachsenenspiele.

Auf Reisen

Wie gelangten Indianer von einem Ort zum anderen? Bevor Pferde, Rinder und andere Reit- oder Lasttiere in Amerika eingeführt wurden, gab es auf diese Frage nur zwei Antworten: per Boot oder zu Fuß. Die einzelnen Stämme bauten sehr unterschiedliche Boote, von leichten Einer-Kanus bis hin zu hochseetüchtigen Wasserfahrzeugen für mehrere Dutzend Passagiere. Es gab sogar pelzige, mit Bisonhäuten bespannte Boote. Das Gepäck wurde in rucksackähnlichen Rückentragen befördert. Wenn die Last zum Tragen zu schwer war, wurde einem Hund zum Tragen der Last ein A-förmiges Stangengestell, Travois genannt, aufgebunden. Pferde erwiesen sich später als kräftigere Lastenträger.

Dort, wo es Schnee gab, lud man die Lasten auf flache, Tobbogan genannte Schlitten.

MODELL EINES BULLBOAT DER MANDAN, EIN BOOT FÜR EINE PERSON AUS EINEM MIT BISONHAUT BESPANNTEN WEIDENRAHMEN.

Tauschhandel
Wer durch Nordamerika reist, wird dabei wohl immer wieder auf eine Straße geraten, die auf Routen indianischer Kaufleute zurückgeht. Frühe Unternehmer trieben mit den benachbarten Stämmen Handel und bald überzog ein Netz aus Handelsstraßen den Kontinent. Durch den Handel kam man an Waren, die es in der eigenen Umgebung nicht gab. Gleichzeitig bot der Handel Möglichkeiten für Kontakt und Austausch zwischen weit voneinander entfernt lebenden Stämmen. Bezahlt wurde meist durch Tausch.

Später handelten die Stämme auch mit Europäern und tauschten Felle und Häute gegen Werkzeug und Töpfe aus Metall, Gewehre, Pferde und Alkohol. Doch je stärker die Indianer von fremden Produkten abhängig wurden, desto schneller verloren sie die Fertigkeiten, denen sie ihre Unabhängigkeit verdankten.

Verkehrssprache
Wie verhandelt man mit jemandem, der eine ganz andere Sprache spricht? Obgleich zahlreiche der 500 von Indianern gesprochenen Sprachen gemeinsame Wurzeln besaßen, die eine einfache Unterhaltung gestattet haben könnten, waren die Verständigungsprobleme doch groß. Mitunter wurden auch weiter verbreitete Handelssprachen eingesetzt; meistens aber half man sich mit Zeichen-

EIN EUROPÄISCHER HÄNDLER ZEIGT INTERESSIERTEN INDIANERN STOFF UND METALLGEGENSTÄNDE.

WEB-TIPP
www.indianer-web.de/ursprung/sign/sign.htm

SEQUOYAH HÄLT DIE SCHRIFTTAFEL DER CHEROKEE, MIT DER ER SEIN VOLK ALPHABETISIERTE.

sprache. Die Prärieindianer entwickelten ein Zeichensystem, das Angehörigen verschiedener Stämme wortlose Gespräche ermöglichte.

Schreib es auf!

Jahrhundertelang gab es bei den Indianern keine geschriebene Sprache. Stattdessen zeichneten sie Bilder auf Tierhäute oder ritzten sie in Rinde. Diese Bilder waren jedoch nur eine wertvolle Gedächtnisstütze. Der Cherokee Sequoyah (1760-1843) entwickelte eine Schrift mit 86 Buchstaben, die für die Silben seiner Muttersprache standen. Die Cherokee übernahmen diese Schrift und waren bald in der Lage, ihre Gesetze und Legenden schriftlich niederzulegen und über ihren Handel Buch zu führen. Sequoyahs Schrift wurde auch von anderen Stämmen übernommen.

KRIEGSGESCHREI & FRIEDENSPFEIFEN

Kein König, kein Präsident ... wer regierte in Nordamerika? Das Volk. Es konnte Entscheidungen treffen, Regeln aufstellen, Probleme lösen und Streit schlichten. Nicht alle Konflikte konnten beigelegt werden, und so kam es gelegentlich zu Feindseligkeiten zwischen den Stämmen. Im Großen und Ganzen aber war das Zusammenleben friedlich. Dieses Bild änderte sich mit der Ansiedlung der Europäer. Wer ihnen nachgab, verlor sein Land, wer Widerstand leistete, bekam Krieg – und den Tod.

DIESES HEILIGE CALUMET DER MENOMINEE WURDE GERAUCHT, UM DIE BEILEGUNG VON FEINDSELIGKEITEN ZU BESIEGELN.

Häuptlinge

Die Indianer organisierten sich in Gruppen und Stämmen. Eine Gruppe konnte aus mehreren Familien bestehen oder aus einer Großfamilie. Stämme waren größer und bestanden aus Menschen, die in derselben Region lebten, dieselbe Sprache sprachen und dieselbe Religion und Tradition besaßen. Gruppen wie Stämme konnten einen oder mehrere Anführer haben. Oft waren verschiedene Häuptlinge für verschiedene Bereiche zuständig, der Friedenshäuptling für den Alltag, der Kriegshäuptling für Kampfstrategien.

Manche Häuptlinge erbten ihr Amt, die meisten aber mussten sich den Respekt der anderen erst einmal verdienen.

Die Friedenspfeife
Häuptlinge teilten ihre Autorität mit wegen ihrer Fähigkeiten geachteten Stammesmitgliedern. Wenn ein Problem entstand, setzten sie sich zusammen, um eine Lösung zu finden. Zuerst wurden Gebete gesprochen und Rauch zum Himmel geblasen. Dann wurde das Calumet (eine reich verzierte Tabakspfeife) im Kreis herumgereicht. Das Rauchen der Friedenspfeife sollte Reinheit und Wahrheit vermitteln.

IN KRIEGS- WIE IN FRIEDENSZEITEN LAG DIE MACHT BEIM VOLK.

Krieger
Wenn ein Rat keine Lösung fand, konnte ein Krieg die Folge sein. Kriege wurden aus Rache geführt, um Ehre zu erringen oder um sich Besitz eines anderen Stammes anzueignen. Der Kriegshäuptling teilte den Kriegern seinen Plan mit – anschleichen wie Füchse, kämpfen wie Löwen und verschwinden wie Vögel. Sie griffen den Feind nach Möglichkeit überraschend an und

EIN KRIEGER DER HIDATSA TANZT, UM SICH AUF DEN KRIEG VORZUBEREITEN – ODER UM EINEN SIEG ZU FEIERN.

zogen sich rasch wieder zurück; manchmal nahmen sie einige Gefangene mit.

Durch besonders geschickte Manöver konnten Krieger großes Ansehen erwerben; sie erhielten dadurch das Recht, Adlerfedern zu tragen – und sich ihrer Taten zu brüsten.

Waffen

Die Indianer kämpften mit Pfeil und Bogen gegeneinander, sowie mit Lanzen, Speeren und aus Holz geschnitzten Keulen. Die Keulen waren furchtbare Waffen. In einige war ein apfelsinengroßer runder Stein eingefügt, der die Wirkung des Schlages verstärkte. Andere waren mit Klingen bestückt, die sie zu Äxten machten, wieder andere hatten Dornen aus geschärften Tierhörnern. Die Krieger schnitzten für jeden erschlagenen Feind eine Kerbe in den Griff der Keule. Bei manchen Stämmen war das Sammeln von Skalps üblich.

Eine große Bedrohung

Mit der Ankunft der Europäer wurde alles anders. Die ersten Begegnungen verliefen meist noch friedlich, weil die Euro-

DER LEDERKÖCHER EINES DAKOTAKRIEGERS MIT EINGEARBEITETEM FUTTERAL FÜR DEN BOGEN UND SCHULTERRIEMEN.

päer auf die Erfahrung der Indianer im Umgang mit der Natur des (neuen) Kontinents angewiesen waren. Bald aber war es damit vorbei. Die Europäer wollten das Land der Indianer haben und als Zugabe ihre Arbeitskraft, ihre Besitztümer und sogar ihre Seelen; das alles holten sie sich mit Gewalt. Ihre Waffen waren furchtbar und tödlich; dazu gehörten nicht nur Gewehre, sondern auch Pocken, Grippe und andere Krankheiten, gegen die Indianer keine Abwehrkräfte besaßen. Als die Indianer durch Krankheit und Krieg stark geschwächt waren, sahen sie sich vor schwere Entscheidungen gestellt.

Qual der Wahl

Eine Möglichkeit war Widerstand. Viele Stämme gingen mutig diesen Weg, der jedoch für die meisten tödlich endete. Unterwerfung war die zweite Möglichkeit. Die Regierung bot Reservate an, mitunter Hunderte von Kilometern vom angestammten Lebensraum entfernt, in denen die Indianer von den Weißen getrennt leben sollten. Obwohl sich einige Stämme mit dem Leben in Reservaten abfanden, wollten viele ihre Heimat nicht aufgeben. Die dritte Möglichkeit bestand darin, mit der Regierung Verträge auszuhandeln, die einem Stamm das Recht an seinem Land zusicherten. Diese Versprechungen wurden jedoch nicht gehalten.

WEB-TIPP
www.indianer-web.de/plains/bighorn.htm

DIE SCHLACHTEN ZWISCHEN REGIERUNGSTRUPPEN UND DEN STÄMMEN WAREN GRAUSAM UND VERLIEFEN FÜR DIE INDIANER MEIST TÖDLICH.

KUNST & HANDWERK

Unter den Indianern gab und gibt es viele Künstler und begabte Bastler, die schöne Dinge aus der sie umgebenden Natur – Holz, Sand, Muscheln, Ton, Stachelschweinborsten und Pflanzen – in Dinge von natürlicher Schönheit verwandeln. Viele davon sind alltägliche Gebrauchsgegenstände, was ihre Schönheit jedoch nicht mindert. Zahlreiche Kunstgegenstände werden traditionell von Frauen hergestellt, die oft in Gruppen zusammenarbeiteten.

Flechtwerk
In nahezu allen indianischen Stämmen wurden und werden Körbe selbst geflochten. Sie dienen zum Tragen von Lasten, als Vorratsbehälter und Kochkörbe.

EINE FRAU FLICHT EINEN KORB NACH DEM TRADITIONELLEN MUSTER IHRES STAMMES.

Körbe sind leicht und relativ stabil, und man kann sie in allen Größen und Formen herstellen. Es gibt Vorratskörbe, die so hoch sind, dass die Flechterin hineinklettern muss, um sie fertig zu stellen; Flaschenkörbe, in denen Wasser aufbewahrt wurde, und flache Tabletts, auf denen Mahlzeiten serviert werden.

Körbe werden seit jeher aus Pflanzen und Baumfasern hergestellt. Einige wurden geflochten oder gewoben, andere bestanden aus gedrehten Faserbündeln, die man zusammennähte. Die Flechterinnen verarbeiteten auch bunt eingefärbtes Material zu gemusterten Körben; oder sie bemalten die Körbe und verzierten sie mit Muscheln und Federn. Geflochten wurden auch Hüte, Masken für Zeremonien, Schuhe, Kleidungsstücke, Matten und Fischreusen.

Geritzte Ornamente schmücken diesen zweihenkligen Catawba-Topf.

Designertöpfe

Von frühester Zeit an wurde überall dort, wo Ton verfügbar war, getöpfert. Die Töpfer bearbeiteten den Ton mit ihren Händen und Werkzeugen, die sie mit der Zeit entwickelten; Töpferscheiben verwendeten sie nicht. Das Tongeschirr diente zum Kochen, als Speiseschüssel und Wasserbehälter. Auch kleine Grabbeigaben und Pfeifen fertigte man aus Ton.

Megainteressant

In der Nähe der Brennöfen der Pueblo musste es ruhig sein, damit die Geister in den Töpfen nicht geweckt wurden und sie zerbrachen.

FRAUEN-SATTELTASCHE MIT STACHELSCHWEINBORSTENSTICKEREI, EINEN REITER DARSTELLEND.

Stachelschweinborsten
Bevor es bei den Handelsposten Perlen zu kaufen gab, verzierten die Indianer Kleidung und andere Dinge mit Stachelschweinborsten. Ein Stachelschwein besitzt ungefähr 30 000 Stacheln, die sich leicht ablösen lassen. Diese Stacheln wurden in Wasser eingeweicht, gepresst und mit verschiedenen Pflanzenfarben eingefärbt. Dann wurden sie auf Wildlederkleidung, Mokassins, Kindertragen und Taschen zu wunderschönen Mustern aufgenäht. Eine fertige Stachelschweinborstenstickerei („Quillwork") hat eine erhabene, matt glänzende Oberfläche.

Bunte Perlen
Die Stachelschweine waren sicher erleichtert, als die ersten Händler mit Perlen aus Glas und Porzellan kamen. Deren leuchtende Farben wurden von den Indianern sehr bewundert, und es zeigte sich, dass es mit den Perlen leichter war, gebogene Linien zu sticken, als mit den Borsten. Immer mehr Kleidungsstücke wurden nun mit komplizierten Mustern verziert. Perlenschnüre schmückten Töpferwaren und Spielzeug, hingen wie Fransen an der Kleidung oder wurden zu Halsketten arrangiert.

DIE GEHEIMNISSE DER HANDWERKSKUNST WURDEN WEITERVERERBT.

Webkunst
Am eifrigsten wurde im Südwesten gewebt, wo die Puebloindianer Baumwolle anbauten. Beim Volk der Hopi war das Weben Männerarbeit. Fell, Haare und Federn wurden mit Baumwolle vermischt, zu Garn gesponnen und auf Webstühlen

IN DIESE DECKE WERDEN TRADITIONELLE GEOMETRISCHE MUSTER EINGEWEBT.

weiterverarbeitet. Meister unter den Webern waren neben den Hopi auch die Navajo, die aus dem Haar wilder Bergziegen (und später aus Schafswolle), das sie mit Pflanzenfarben und Holzkohle einfärbten, fantastisch gemusterte Decken fertigten. An der nordwestlichen Pazifikküste wurden aus einer Mischung von Bergziegenhaar und Zedernrinde Decken und Mäntel für bestimmte Zeremonien gewebt, während im Südosten Kleidung aus gewebter Maulbeerbaumrinde hergestellt wurde.

ALLES, WAS EIN INDIANISCHER MALER BENÖTIGTE, WAREN EINE TIERHAUT UND ZERSTOSSENE MINERALIEN ALS FARBEN.

Bilder malen

Die Indianer hängten sich früher keine Bilder an die Wand. Malereien dienten stattdessen als Schmuck für Behälter aus Rinde oder Roben aus Bisonhaut. Farben gewann man aus Beeren und Rinde oder aus zerstoßenen Mineralien, die mit Wasser verrührt wurden. Ausgehöhlte Steine oder Schildkrötenpanzer waren die Farbtöpfe, Knochen oder Haarbüschel die Federn und Pinsel. Beliebte Motive waren Jagd- und Schlachtszenen, aber auch geometrische Figuren, Tiere und religiöse Symbole. Viele Stämme verzierten ihre Häuser: im Nordwesten mit Familienwappen und Tieren, in den Plains mit Darstellungen von Ereignissen, die in der Geschichte des Stammes eine Rolle gespielt hatten. Die Sandbilder der Pueblo und

MEGAINTERESSANT

BEI DEN NAVAJO RIEBEN DIE ELTERN DIE HANDFLÄCHEN IHRER NEUGEBORENEN TÖCHTER MIT SPINNWEBEN EIN, DAMIT SIE GUTE WEBERINNEN WURDEN.

WEB-TIPP
Indianische Musik
www.american-native.de/

der Navajo aus trockener zerstoßener Kohle und Steinstaub waren Teil religiöser Zeremonien. Später kauften indianische Künstler von europäischen Händlern Stifte, Tinte und Malfarben.

HOLZRASSEL EINES TLINGIT-SCHAMANEN

Schnitzereien

Die kunstvollen Schnitzereien der Indianer erscheinen noch beeindruckender, wenn man weiß, dass die Schnitzer ihr Werkzeug selbst anfertigten. (Werkzeuge aus Eisen und Stahl gab es noch nicht.) Es war meist aus geschliffenen Muscheln, Tierzähnen und Steinen. Die Indianer, besonders die des Nordwestens, stellten Hunderte verschiedener Haushaltsartikel aus Holz her, ferner Menschen- und Tierfiguren, Kriegskeulen und Masken. Sie fertigten Kämme, Besteck, Pfeifen und andere Alltagsgegenstände. Die Inuit schnitzten sich sogar Schneebrillen aus Elfenbein, um sich vor dem intensiven arktischen Licht zu schützen.

Erzähl mir was

Nur ein Bruchteil der Indianerlegenden wurde aufgeschrieben. Ereignisse wurden durch Bilder oder Wampumgürtel (aufgefädelte Muscheln) festgehalten. Die Sagen der Stämme, Märchen, Schöpfungsmythen und Dichtung wurden mündlich überliefert. Traditionell war es die Aufgabe der Großeltern, dies alles an die Enkel weiterzugeben. In jüngerer Zeit haben indianische Autoren begonnen, diese Geschichten aufzuschreiben, um die Legenden und Mythen zu erhalten.

TÜRKISSTEINE FÜR SCHMUCK WURDEN MIT EINEM SELBSTGEBAUTEN BOHRER DURCHBOHRT.

INDIANER DES WALDLANDS

DER NORDÖSTLICHE KULTURRAUM: DAS WALDLAND

Zwischen der Atlantikküste und dem Mississippi lebten die nordöstlichen Völker. Einst bedeckten dichte Wälder den größten Teil dieses Gebiets und die Menschen fanden hier viel Wild und so viel Holz, wie sie brauchten. Meistens ließen sich die Indianer nahe am Wasser nieder, aus dem sie sich mit Fisch versorgten. Mit ihren Kanus befuhren sie die Gewässer.

Die große Liga

Die meisten Stämme des Nordostens besaßen Sprachen aus der Algonkin-Sprachfamilie. Einige indianische Stämme, die im heutigen US-Staat New

DER SENECAHÄUPTLING CORNPLANTER SCHLOSS FÜR DIE IROKESEN VERTRÄGE AB.

DAS WALDLAND EIGNETE SICH GUT FÜR DEN ANBAU.

York lebten, gehörten nicht dazu. Sie hatten ihre eigene Sprache, einen Ruf als furchtbare Krieger und das stärkste und mächtigste Bündnis in der Geschichte der nordamerikanischen Indianer. Diese Stämme, die Mohawk, Onondaga, Seneca, Oneida und Cayuga (die Tuscarora traten erst 1722 bei), hatten jahrhundertelang gegeneinander gekämpft, bevor sie die Irokesenliga bildeten. Jeder Stamm der

ZUBEREITUNG EINER MAHLZEIT AUF DEM PLATZ EINES DORFES DER WALDLANDINDIANER

Liga entsandte männliche Vertreter (die von den Frauen gewählt wurden) an einen Großen Rat, der die wichtigen Entscheidungen traf. Dieses Bündnis und die Kraft ihrer Waffen machte die Irokesen zu gefürchteten Gegnern.

Baumhäuser

Die Waldlandindianer lebten inmitten von Baumaterial – nämlich von Bäumen. Nach den ersten Kontakten mit Europäern bauten sich einige Stämme Blockhäuser; davor aber hatten alle in kuppelförmigen Hütten gelebt, den Wigwams. Diese Hütten waren leicht auf- und abzubauen und konnten jedem Wetter angepasst werden. Wigwams hatten einen Rahmen aus gebogenen Stangen, die mit Rindenstreifen zusammengebunden wurden. Darüber legte man Schilfmatten oder zusammengenähte Rindenstücke. Im Winter schichtete man mehrere Matten übereinander und darüber isolierende Tannenzweige.

Bei den Irokesen lebten mehrere Familien in rindenbedeckten Langhäusern zusammen. Die Räume der einzelnen Familien waren mit

Wandschirmen aus Rinde voneinander getrennt.

Vielseitiges Holz

Das Holz der Wälder wurde natürlich nicht nur für den Hausbau verwendet. Es lieferte das Material für Schneeschuhe, Vorratskisten und zahlreiche andere nützliche Dinge. Matten und Taschen, Seile, Schüsseln, Löffel, Tabletts, sogar Kochtöpfe mit Deckeln wurden aus Holz, Rinde und Wurzeln hergestellt.

Jäger brauchten Holz für Pfeile und Bögen, Fischspeere und Tierfallen. Entlang ihrer Jagdpfade stellten sie Stangen auf, die mit Botschaften für andere Jäger versehen waren. Das berühmteste Erzeugnis aus Rinde und Holz aber war das Kanu. Das elegante, schlanke Wasserfahrzeug konnte von nur einem Mann getragen werden, aber bis zu 20 Menschen befördern.

Succotash

Die Indianer aßen gewöhnlich täglich eine Hauptmahlzeit, die durch Nüsse, Beeren und getrocknetes Fleisch ergänzt wurde. Die Männer jagten oder machten sich in ihren Kanus auf, um Fische zu fangen. Die Frauen paddelten an Fluss- und

KANUS ERMÖGLICHTEN FISCHZÜGE, HANDELSFAHRTEN UND VERWANDTENBESUCHE.

Seeufern entlang, um wilden Reis zu ernten. Fleisch und Fisch wurden am offenen Feuer gegrillt, gekocht oder geräuchert. Mais, Bohnen und Kürbisse, von den Irokesen „drei Schwestern" genannt, wurden zusammen auf den gleichen Beeten gezogen und miteinander im selben Topf gekocht. Dieses Gericht, „Succotash", wurde auch von den europäischen Siedlern übernommen. Die Frauen backten Fladen aus Maisbrei in der Asche des Feuers. Reste wurden getrocknet und aufgehoben.

Gerberei

Wildfleisch war ein Grundnahrungsmittel, aber auch die Häute waren wichtig. In jedem Dorf betrieben die Frauen eine Gerberei. Sie kratzten mit einem Knochenschaber alle Fleischreste ab, nach längerem Einweichen auch das Fell.

MEGAINTERESSANT

BEI MANCHEN STÄMMEN DES NORDOSTENS WURDEN NAHRUNGSMITTEL MIT WASCHBÄRENFETT BESTRICHEN UND AUF FLACHEN STEINEN IM FEUER GEBRATEN.

Dann wurde die Haut, um sie weich zu machen, mit gekochtem und getrocknetem Tierhirn eingerieben, zum Auswringen um einen Baum gewickelt und schließlich nochmals abgeschabt.

Ledermode

Was zuerst einen Hirsch bekleidet hatte, bekleidete später einen Menschen. Frauen trugen meist Röcke mit Gürteln oder schlichte Kleider und bei Kälte einen Poncho. Algonkin-Männer trugen einen Lendenschurz oder

ÜBER DIE ZEDERNSPANTEN EINES BIRKENRINDENKANUS WURDEN RINDENSTÜCKE GESPANNT, MIT WURZELN VERBUNDEN UND MIT HARZ VERSIEGELT.

Leggings. Die Männer der Irokesen kleideten sich ähnlich, hatten für besondere Gelegenheiten aber einen Kilt aus Hirschleder. Alle trugen Mokassins, die sie im Winter mit Hirschhaar ausstopften. Aus einer Hirschhaut konnte man etwa zehn Paar Männermokassins herstellen.

Wampum

Schnüre mit weißen oder purpurroten Perlen aus den Schalen von Venusmuscheln und Wellhornschnecken, Wampum genannt, dienten den Indianern des Nordostens als Erinnerung an besondere Ereignisse oder Vereinbarungen. Die Perlen wurden zu langen Gürteln geflochten, die lange Geschichten

DIESE WILDLEDERJACKE DER PENOBSCOT MIT GLASPERLENSTICKEREI ZEIGT DEN EINFLUSS EUROPÄISCHER HANDELSWAREN.

VON 1497 AN WANDERTE EIN STROM VON EUROPÄERN IN DEN NORDWESTEN UND NAHM KONTAKT ZU DEN INDIANERN AUF.

WEB-TIPP
www.nativetech.org/scenes/

erzählten. Wampum waren den Indianern wertvoll und wurden getauscht, hatten aber keinen festen Preis. Als die Europäer die Bedeutung der Wampum für die Indianer erkannten, fälschten sie sie aus Glasperlen und verwendeten sie im Handel.

Neue Nachbarn

Die Bewohner des Waldlands gehörten zu den ersten amerikanischen Ureinwohnern, die Weiße zu sehen bekamen, und waren überrascht und verwirrt. Eine Überlieferung aus dieser Zeit erzählt von einer Insel, die auf die Küste zutrieb und von Bären bewohnt war. In Wirklichkeit war die Insel ein Segelschiff, die Bäume waren Segel und Takelage und die Bären Besatzungsmitglieder, die einen Blick auf das neue Land werfen wollten. Zuerst kamen die Indianer mit ihren neuen Nachbarn recht gut aus. Im Jahre 1621 teilten sie mit den Siedlern beim ersten Thanksgiving (Erntedankfest) sogar ihre Ernte und gaben ihnen Tipps für den Anbau. Doch die Freundschaft welkte schnell dahin, und bald gab es Streitigkeiten und schließlich einen richtigen Krieg mit den Weißen um den Besitz des Kontinents. Die Stämme verloren ihre Heimat.

TROG, SCHÖPFKELLE UND SCHAUMLÖFFEL, MIT DENEN OJIBWA GEKOCHTEN AHORNSIRUP IN ZUCKER VERWANDELTEN.

INDIANER DES SÜDOSTENS

DER SÜDÖSTLICHE KULTURRAUM

Als Indianer des Südostens würdest du in einem Chikee schlafen, am liebsten Chunkey spielen und zwischendurch Sofkee (auch Grits genannt) essen. Creek, Seminole, Chichsaw, Choctaw und Cherokee lebten gut im subtropischen, fruchtbaren Südosten. Die Winter waren mild, die Sommer lang, Wild gab es im Überfluss und es regnete genug, sodass die Pflanzen in den Gärten gut gediehen.

Künstliche Hügel
Die ersten, die der Landschaft ihren Stempel aufdrückten, waren die Menschen der Mounds-Kultur (um 1300 n.Chr.). Sie hinterließen bis zu 30,5 m hohe Erdhügel, die sie vermutlich auf sehr mühsame Art aufschütteten, indem sie die Erde in Körben herbeitrugen. Die Anlage des größten von ihnen könnte 200 Jahre gedauert haben. Sie dienten als Gräber, Denkmäler und als Sockel für Tempel.

Siedlungen
Die Nachfahren der Erbauer dieser Erdhügel besiedelten den Südosten Nordamerikas zwischen den Great Smoky Mountains, dem Mississippi und den Sümpfen Floridas. In diesem fruchtbaren Landstrich wurden dauerhafte Dörfer

ÄLTESTE DER CREEK TREFFEN SICH IM RUNDHAUS DES RATS.

angelegt. Die Dörfer hatten sogar Plätze mit öffentlichen Gebäuden, darunter eine Männer-Sauna. Auf den Plätzen fanden Tänze und Zeremonien statt, aber auch das alte Stockwurfspiel Chunkey. Rundherum standen die kleineren, aus Schilf und Rinde gebauten Wohnhäuser. In sehr heißen Gegenden gab es Chickees: an den Seiten offene Hütten, die auf Pfählen standen, damit Schlangen und andere Tiere nicht hineinkonnten. Auf den Feldern arbeiteten alle Stammesmitglieder. Die wichtigste Frucht war Mais, aber auch Kürbisse, Süßkartoffeln und Melonen wurden angebaut. Die Kinder verscheuchten Vögel und andere Tiere von den Feldern.

CHEROKEEFRAU BEIM KORBFLECHTEN IN OCONALUFTEE VILLAGE (SOUTH CAROLINA)

Der Clan

Das Volk der Creek war in Clans unterteilt, denen der Miko (Häuptling) vorstand. Er war mächtiger als die Anführer anderer Indianerstämme und auch bunter: Sein Gesicht war halb schwarz, halb rot angemalt und er trug eine fantasievolle Kopfbedeckung mit langen Schwanenfedern. Priester, Geschichtenerzähler und Heilige Männer waren hoch angesehen. Kinder wurden gut behandelt, aber Jungen hatten es schwerer. Anders als die Mädchen behielten sie ihren Namen nur, bis sie sich durch eine besonders mutige Tat einen besseren verdient hatten. Der Druck, einen Skalp und damit die Achtung der anderen Dorfbewohner zu erringen, war so stark, dass die Jungen deswegen manchmal sogar einen Kameraden töteten. Wenn ein Junge seinen Mut bewiesen hatte, durfte er sich eine Braut suchen. Dafür genügte es, einen toten Hirsch auf die Türschwelle seiner Angebeteten zu legen. Wenn sie das Fleisch zubereitete war die Ehe geschlossen.

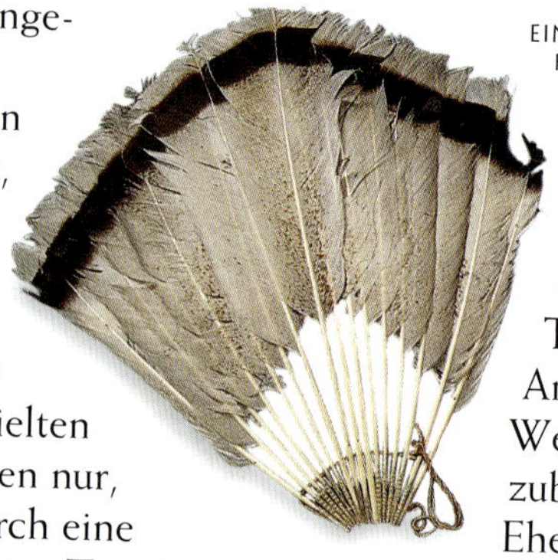

EIN FEDERFÄCHER DER YUCHI FÜR DIE TÄNZE BEIM GREEN CORN FESTIVAL.

Kratzen

Einer der seltsamsten Bräuche dieser Stämme war der des Kratzens. Anstatt sich zu küssen oder Hände zu schütteln, kratzten sich Leute, die sich mochten – manchmal mit einer angespitzten Fischgräte. Vor einer größeren Jagd, einer Schlacht oder einer Zeremonie wurden die Männer gekratzt. Unartige Kinder wurden

manchmal blutig gekratzt, damit das Böse herauskommen konnte. Ein weiterer seltsamer Brauch war das Trinken des „Schwarzen Tranks" aus Stechpalmblättern, der als Geschenk des Großen Geistes galt. Wegen der anregenden Wirkung gab es morgens einen Schluck. Einen stärkeren Aufguss des Gebräus – der zum Erbrechen führte – bekamen die Krieger vor der Schlacht, um Körper und Seele zu reinigen, oder Jungen beim Übergang zum Mannesalter.

PUPPEN DER SEMINOLE IN DEN TYPISCHEN TRACHTEN, DIE FRAUEN UND MÄDCHEN BIS NACH 1900 TRUGEN.

Das Fest des grünen Mais

Nahezu überall im Südosten ist das Green Corn Festival das wichtigste Fest des Jahres. Wenn der grüne Mais reif wurde, räumten die Menschen ihre Häuser gründlich auf, führten Reparaturen aus, bezahlten Schulden, legten Streitigkeiten bei. Bei diesem Fest wurde viel Schwarzer Trank konsumiert und viel gekratzt. Alle Feuer des Dorfes wurden gelöscht. Dann wurde mit Maiskolben aus der neuen Ernte ein neues Feuer entfacht.

Weg hier!

Seit vielen Generationen fühlten die Menschen des Südostens sich in ihrer Heimat sehr wohl und hätten sie freiwillig nie verlassen. Doch andere wollten dieses fruchtbare Land besitzen. Um 1830 mussten die Stämme in Reservate in Oklahoma ziehen. Auf dem langen Treck starben so viele Menschen, dass er als „Pfad der Tränen" in die Geschichte einging.

EIN VIERTEL DER CHEROKEE, DIE DEN TRECK NACH OKLAHOMA ANTRETEN MUSSTEN, STARBEN UNTERWEGS.

BISONJÄGER

DER KULTURRAUM
DER PRÄRIE UND
DER GREAT PLAINS

Inmitten des Kontinents erstreckt sich scheinbar endlos der Himmel über der Prärie. Die Region der Prärie, die Great Plains („Großen Ebenen"), war einst die Heimat von ungefähr 30 Stämmen und Millionen von Bisons – gewaltigen, zottigen Tieren, die die Indianer mit Kleidung und Nahrung versorgten. Die ersten Präriebewohner ließen sich an den Ufern von Wasserläufen nieder und bauten außerhalb der Jagdzeit Nutzpflanzen an. Mit dem Auftauchen von Pferden kamen auch immer mehr Menschen in die Ebenen und folgten den Bisonherden.

Wo die Bisons wandern
Das Leben in der baumlosen Prärie war hart. Es gab flutartige Überschwemmungen und heftige Schneestürme. Doch die Prärie besaß ihre eigene, eigentümliche Schönheit und in Gestalt der Bisons ein reiches Nahrungsangebot. Jeden Sommer zogen die Bewohner der Plains in die Prärie zur Bisonjagd. Beute war reichlich vorhanden – vermutlich wanderten an die 100 Millionen Bisons über die Ebenen –

aber das Töten der großen Tiere erforderte unglaublich viel Geschick und Mut. Frühe Präriejäger hatten die Bisons auf Abgründe zu getrieben oder in kleine Pferche, in denen ein Regen von Pfeilen und Speeren auf sie niederging. Mit der Ankunft der Pferde in der Prärie konnten mit Pfeilen und Bögen bewaffnete Jäger neben ihrer Beute herreiten.

Gründliche Nutzung

Von den Hufen bis zu den Hörnern verwerteten die Präriendianer alles, was die Bisons ihnen boten (sogar den Dung, der anstelle des seltenen Holzes verfeuert wurde). Das tote Tier wurde an Ort und Stelle gehäutet und zerlegt. Der erfolgreiche Jäger bekam die wertvolle Haut, den Höcker und die Zunge, die als Delikatesse galt. Das übrige

DIE INDIANER AUF DEN PLAINS WAREN ABHÄNGIG VON DEN BISONS.

Fleisch und die Innereien wurden geteilt. Das Fleisch, das nicht über dem Feuer aus Bisonmist gebraten und gegessen worden war, wurde in Streifen geschnitten und geräuchert. Oder es wurde getrocknet, zerkleinert und mit Beeren und Fett gemischt. Der so genannte Pemmikan war lange haltbar. Aus den Knochen formte man Schilde, Werkzeug, Griffe,

ZU PFERD KAM EIN JÄGER SEHR NAHE AN EIN BEWEGLICHES ZIEL HERAN, WIE Z.B. AN EINEN BISON.

EIN KISSENSATTEL DER DAKOTA AUS LEDER MIT EINER FÜLLUNG AUS TIERHAAR

sogar Schlittenkufen.

Getrocknet wurden die Sehnen zu festen Schnüren und der Schwanz zu einer Peitsche. Die Hörner wurden in Löffel und Becher verwandelt und die Hufe zu einem zähen Leim verklebt. Sogar die Blase wurde als Trinkwasserbehälter genutzt.

MEGAINTERESSANT

DAS GERBEN VON BISONHÄUTEN FÜR DIE ZELTABDECKUNG WAR EKLIG. DAMIT DIE HÄUTE WEICH UND WASSERABWEISEND WURDEN, RIEB MAN SIE MIT GESTAMPFTEM BISONHIRN EIN UND RÄUCHERTE SIE ÜBER FEUER AUS BISONDUNG.

Das Leben im Tipi

Die Wahl der Behausung hing davon ab, ob eine auf den Plains lebende Familie sesshaft war oder umherwanderte. Wer den Bisons folgte, lebte in einem Tipi, einem kegelförmigen Lederzelt. Das Gerüst bestand aus ungefähr 20 langen Stangen, die oben zusammengebunden waren, und einer Abdeckung von ungefähr ebenso vielen Bisonhäuten. Zwei Rauchklappen an der oberen Öffnung konnten betätigt werden, um die Luftzufuhr zum Kochfeuer zu regulieren. Entlang der Zeltwände standen hölzerne Bettgestelle, die mit Gras gepolstert und mit Felldecken ausgelegt waren. Kleidung und Nahrungsmittel wurden in Rohlederbeuteln aufbewahrt, die man Parflèche nannte. Das Zelt besaß eine hohe Innenverkleidung, die es innen trocken hielt. Außerdem verhinderte sie, dass man nachts von außen, wenn das Zelt innen durch das Feuer beleuchtet wurde, deutlich sehen konnte, was die Nachbarn gerade taten. Bei kaltem

EIN BLACKFOOT-TIPI, MIT GEOMETRISCHEN MUSTERN UND SCHWIMMENDEN OTTERN BEMALT

WEB-TIPP
www.indianer-web.de/ursprung/housing.htm

Wetter stopfte man zwischen Außenwand und Verkleidung wärmedämmendes Gras.

Prärieindianer, die länger an einem Ort blieben, bauten sich kuppelförmige Erdhäuser, die mit Ästen und Erde abgedeckt wurden. Sie boten Platz für eine Familie, ihre Besitztümer und Vorräte und sogar für Pferde und Hunde.

Perlen und Hirschhäute

Die mit Perlenstickereien und Fransen verzierte Kleidung der Prärieindianer war nicht gerade unauffällig. Männer trugen gerne Lendenschurze, lange Leggings und Hemden, Frauen lange Kleider über Leggings. Mokassins waren die allgemeine Fußbekleidung. In früherer Zeit verzierten die Frauen Kleidung mit gefärbten Stachelschweinborsten, später nahmen sie dazu Glasperlen und arbeiteten auch Hirschzähne in ihre Stickereien ein.

Perlenstickereien waren sehr schwer. Das Sticken dauerte lange und die Löcher für die Stiche mussten mit einer Knochenahle vorgestochen werden. Eine Perlenstickerei wog gut sechs Kilo.

Kriegerehre
Rivalität zwischen den Stämmen gehörte zum Alltag und trug zum Ansehen im Stamm bei. Bewaffnete Gruppen von Kriegern stürmten über die Prärie und griffen ihre Nachbarn an, um Pferde zu erbeuten oder Rache zu üben. Besonders die Dakota waren wegen ihres Kampfesmuts gefürchtet. Mut und Geschick eines Kriegers, oder einer Kriegerin, brachten eine geachtete Stellung im Stamm ein. Die größte Ehre errang man nicht durch das Töten von Gegnern und Sammeln von Skalps, sondern durch Coups. Ein Coup war es z.B., am helllichten Tag das Pferd eines Feindes zu stehlen, einen Feind zu berühren und heil davonzukommen oder als erster den Körper eines toten Feindes zu berühren.

Versammlungen
Obwohl sich die Menschen oft von ihrem Stamm trennten, um Bisons oder Feinde zu verfolgen, trafen sich die umherstreifenden Gruppen zu bestimmten Zeiten. Jeden Sommer trat ein Friedensrat zusammen, um Klagen anzuhören, Träume zu deuten und Pläne abzusprechen. Die Ratsmitglieder, Anführer

EIN KOPFPUTZ AUS ADLERFEDERN GAB DEM ZEREMONIELLEN ANZUG EINES DAKOTA-ÄLTESTEN UM 1800 DEN LETZTEN SCHLIFF.

NACH DER NIEDERLAGE DER US-ARMEE BEI LITTLE BIGHORN BETRIEB DIE REGIERUNG DIE EROBERUNG DER PRÄRIE NOCH ENERGISCHER.

der einzelnen Gruppen, trafen sich in einem riesigen Zelt, um miteinander die Friedenspfeife zu rauchen und Gedanken auszutauschen. Die Prärievölker versammelten sich auch für den Sonnentanz, ein religiöses Fest zur Stärkung der Gemeinschaft.

Der Weg der Waffen

Während das Pferd den Prärieindianern mehr Freiheit und Wohlstand brachte, bedeutete ein anderer Neuankömmling, die Feuerwaffe, den Anfang vom Ende. Mit Gewehren bewaffnete weiße Jäger rotteten innerhalb kürzester Zeit die Bisons aus, die Lebensgrundlage der Menschen der Prärie. Die Indianer schlugen mutig zurück, mussten aber für jeden kleinen Sieg, wie den über General Custer bei Little Bighorn, eine größere Niederlage erleiden, wie z.B. den Verlust von 300 Menschen bei Wounded Knee. Viele Prärieindianer wurden gezwungen, in Reservate zu gehen, die weit von ihrer Heimat entfernt lagen.

MEGAINTERESSANT

WASSERKOCHEN Á LA PRÄRIE: HÄNGE EINEN BISONMAGEN AN STANGEN AUF, FÜLLE IHN MIT WASSER UND WIRF EINIGE HEISSE STEINE HINEIN; DAS WASSER WIRD SOFORT BRODELN.

ÜBERLEBENSKUNST

DER KULTURRAUM DES GROSSEN BECKENS

Stell dir vor, am gleichen Tag glühende Hitze und eisige Kälte zu ertragen. Jede wache Stunde mit der Suche nach Wurzeln, Ratten oder Kaninchen zu verbringen. Beim Laufen über ausgedörrte Erde träumst du davon, abends in deinen Kaninchenfellmantel gekuschelt leckere geröstete Heuschrecken zu riechen. Wenn du etwas Kühles trinken willst, musst du eine Yuccawurzel ausgraben und aussaugen. Aber das alles würde dir nichts ausmachen – denn du wärst ein Bewohner des Großen Beckens.

Mobil wohnen
Eine der unwirtlichsten Regionen des Kontinents, das Große Becken, war gleichzeitig auch eine der isoliertesten. Ein Ring hoher Berge – u.a. die Rocky Mountains und die Sierra Nevada – umgaben eine flache Wüste. Die hier lebenden Stämme, die Ute, Bannock, Paiute und Shoshone, bauten keine festen Dörfer, da es zu wenige Stellen gab, an denen Wasser, essbare Pflanzen und Wild in Mengen vorkamen, die

UMHERSTREIFENDE STÄMME TRANSPORTIERTEN IHREN BESITZ AUF TRAVOIS, DIE VON HUNDEN ODER PFERDEN GEZOGEN WURDEN.

KLAPPERSCHLANGEN WAREN EINE WILLKOMMENE FLEISCHZULAGE.

ausreichten um eine Gruppe von Menschen über längere Zeit zu ernähren. Also teilten sie sich in kleine Gruppen auf und streiften auf der Suche nach Nahrung umher; ihr Hab und Gut führten sie mit. Darunter waren auch die Zelte, in denen die Familien lebten; sie bestanden aus Kiefernholzstangen und Rindenstücken. Im Winter versammelten sich die Gruppen wieder; es war die Zeit der Feste, Hochzeiten und Familientreffen.

Was gibt's denn heute? Obwohl die Nahrungssuche fast den ganzen Tag in Anspruch nahm, gab es immer genug zu essen und manchmal reichte es sogar für Feste.

Gegessen wurde Kleinwild und größeres Wild wie Antilopen sowie Nüsse, Wurzeln, Kräuter und Samen, darunter auch die süßen Pinienkerne. Aber auch Ratten, Heuschrecken und Schlangen standen auf dem Speiseplan. Wer sich in der Nähe von Gewässern befand, fing mit selbstgeknüpften Netzen oder mit bloßen Händen

EINE LOCKENTE AUS SCHILFFASERN LOCKTE ENTEN ZU EINEM VERSTECKTEN JÄGER.

Fische. Die Bewohner des Großen Beckens entwickelten auch raffinierte Methoden, um Wild zu fangen. Für Treibjagden spannten Männer in einem weiten Halbkreis Netze aus Yuccafasern auf. Dann trieben Kinder die Kaninchen auf die Netze zu, hinter denen die Erwachsenen mit Keulen und Pfeil und Bogen warteten. Um Enten zu fangen wurden Lockenten aufs Wasser gesetzt.

Fasern, Fell und Federn

Im Großen Becken gab es kaum Großwild. Stattdessen knüpften die Frauen aus Rindenstreifen Pullover, Hosen und Röcke. Bei den langen Tagesmärschen schützten Sandalen aus geflochtenen Yuccafasern oder Mokassins aus Dachsleder die Füße. Im Winter trugen die Menschen Kleider, Leggings und Hemden aus Tierfellen. Jeder hatte Kaninchen- oder Waldmurmeltierumhänge, auch wenn man für den Umhang eines Erwachsenen 100 Kaninchenfelle zusammennähen musste und 40 für den eines Kindes. Aus den gefiederten

Häuten einiger Entenarten wurden warme Capes geschneidert.

Körbe

Menschen, die viel umherziehen, brauchen Behältnisse. Die Indianer des Großen Beckens waren einfallsreiche Korbflechter. Sie hatten Körbe mit breiter Öffnung für das Nüssesammeln, mit Teer ausgegossene flaschenförmige Körbe als Trinkwasserbehälter und topfförmige Körbe zum Kochen (in die man heiße Steine warf).

EIN MÄDCHEN WIEGT SEINE PUPPE IN EINER KLEINEN PUPPENTRAGE.

10000 JAHRE LANG ÜBERLEBTEN INDIANER IM GROSSEN BECKEN.

Zu Pferd

Die Stämme im Großen Becken waren unter den ersten Indianern, die die von den spanischen Eroberern eingeführten Pferde für sich nutzten. Zu Pferd jagte es sich besser als zu Fuss, und bereits um 1700 boomte der Pferdehandel. Das Pferd wurde zum Statussymbol.

BABYTRANSPORT: DIE KINDERTRAGE WURDE AUF MUTTERS RÜCKEN, AN DEN SATTEL ODER AUF EIN TRAVOIS GEBUNDEN.

Opfer des Goldrauschs

Die Entdeckung von Gold im Großen Becken beendete das freie Leben der Indianer. Pelzhändler hatten bereits begonnen, sie nach Westen abzudrängen, als ab 1850 Abenteurer und Goldsucher in die Region strömten und sie für immer vertrieben.

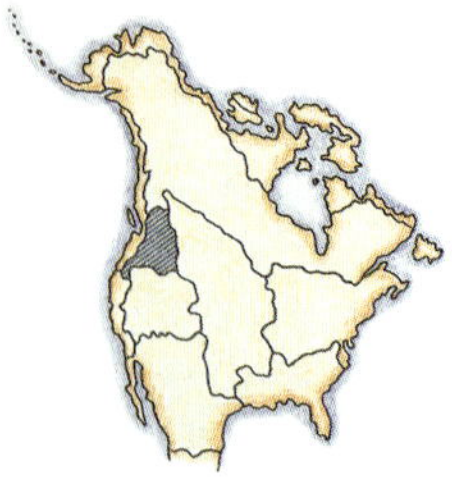

DER KULTURRAUM DER HOCHEBENE

DIE HOCHEBENE

Die Bewohner der Hochebene lebten unter schneebedeckten Gipfeln, inmitten von Bergwäldern, eisigen Flüssen und sonnigen Tälern. Hier gab es genug Nahrung – Fische, Großwild und Pflanzen – und die Berge bildeten einen natürlichen Schutz gegen Feinde. So wie ihre Nachbarn im Großen Becken verbrachten die Indianer der Hochebene Frühling und Sommer auf Wanderschaft, um möglichst viel zu jagen und zu sammeln.

DIE NEZ PERCÉ TRANSPORTIERTEN IHREN PROVIANT IN FLACHEN TASCHEN AUS GEDREHTEM UND GEFÄRBTEM MAISSTROH.

Fischzüge

In jedem Frühjahr begannen die Indianer der Hochebene, neue Vorräte anzulegen. Die Männer fingen Kaninchen und Enten, die Frauen gruben nach Wurzeln und suchten Samen. Im Sommer füllten sich die Flüsse mit Lachsen und ganze Stämme gingen mit Netzen, Reusen und Speeren bewaffnet ins Wasser, in der Hoffnung, genügend Lachse für das ganze Jahr zu fangen. Waghalsige bauten über den Flüssen Holzplattformen, von denen aus sie große Netze ins Wasser hängten. Die gefangenen Lachse wurden getrocknet oder geräuchert. Im Herbst ernteten die Frauen die süßen Knollen der Camas, einer Lilienart, während die Männer Hirsche, Antilopen und Dickhornschafe jagten. Im Oktober wurde es Zeit, die Vorräte ins Winterlager zu bringen.

Winterhäuser

Den Sommer über wohnten die Menschen der Hochebene in mit Gestrüpp abgedeckten Unterständen, die man leicht abbauen und transportieren konnte. Wenn es im Herbst kühl wurde, kehrten sie in ihre Dörfer zurück, feierten dort und beteten um

FÜR EINE ZEREMONIE GEKLEIDET: DER REITER TRÄGT ZU DEM MIT STACHELSCHWEINBORSTEN UND PERLEN BESTICKTEN HEMD EINE FEDERHAUBE.

Gesundheit und gute Ernten. Hier hatten sie auch winterfeste Häuser. Um sie zu bauen hoben sie große Gruben aus, an deren Rand sie eine (von außen nach innen abgeschrägte) Wand aus Pfählen aufstellten. Darüber kam ein Dach aus Lehm mit einem Loch als Rauchabzug. Dieses Loch war auch der einzige Zugang; man fiel also praktisch mit der Tür ins Haus.

DIE JÄGER DER HOCHEBENE ERLEGTEN AUCH GROSSE TIERE: ELCHE (OBEN) UND BÄREN.

Gut behütet

Die Bewohner der Hochebene waren immer gut angezogen, denn unter den vielen verfügbaren Tierfellen hatten sie nur die Qual der Wahl. Die Männer zogen meist Leggings, Hemden und Mäntel aus Hirschleder, Bergziegenleder oder Schaffell an; die Frauen trugen Kleider. Sie stellten auch aus Baumrinde Kleidung her und flochten aus Blättern eng sitzende Hüte, die nirgendwo anders getragen wurden.

URALTE TRADITIONEN GLIEDERTEN DEN JAHRESABLAUF.

Pferdeverstand

Bald nach dem ersten Hufschlag auf der Hochebene um 1700 veränderten die Pferde das Leben der Indianer. Zu Pferd konnten sie längere Jagdzüge machen und größeres Wild erlegen – sogar Bisons. Pferde wurden zu wichtigen Statussymbolen. Die Nez Percé („durchstochene Nasen") machten sich bald einen Namen als Pferdezüchter und -händler. Sie züchteten die Appaloosa, wunderschön gefleckte Pferde, die nach dem Fluss Palouse in Oregon benannt sind.

JUNGEN AUS DEM THOMPSON-STAMM ÜBTEN MIT KLEINEN BÖGEN UND STUMPFEN PFEILEN DAS SCHIESSEN.

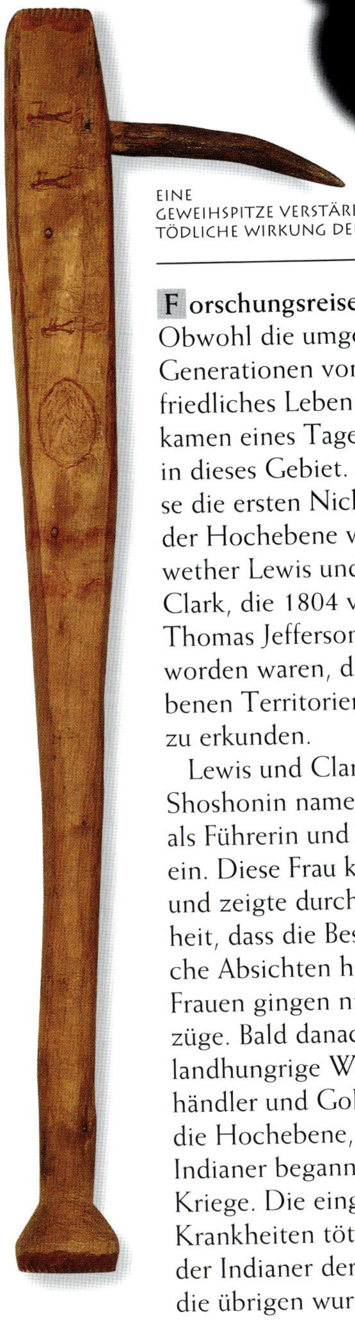

EINE GEWEIHSPITZE VERSTÄRKTE DIE TÖDLICHE WIRKUNG DER KEULE.

Forschungsreisende

Obwohl die umgebenden Berge Generationen von Indianern ein friedliches Leben ermöglichten, kamen eines Tages doch Fremde in dieses Gebiet. Möglicherweise die ersten Nicht-Indianer auf der Hochebene waren Merrywether Lewis und William Clark, die 1804 von Präsident Thomas Jefferson beauftragt worden waren, die neu erworbenen Territorien im Westen zu erkunden.

Lewis und Clark stellten eine Shoshonin namens Sacagawea als Führerin und Dolmetscherin ein. Diese Frau kannte sich aus und zeigte durch ihre Anwesenheit, dass die Besucher friedliche Absichten hatten, denn Frauen gingen nicht auf Kriegszüge. Bald danach aber kamen landhungrige Weiße, Pelzhändler und Goldsucher auf die Hochebene, und für die Indianer begann die Zeit der Kriege. Die eingeführten Krankheiten töteten die Hälfte der Indianer der Hochebene, die übrigen wurden vertrieben.

WÜSTENBEWOHNER

Inmitten der herrlich gefärbten Wüste, der roten Berge und der rotleuchtenden Canyons lebten die Völker des Südwestens: Apachen, Navajo, Pima, Papago und Pueblo. Schon vor 2000 Jahren hatten sich ihre Vorfahren hier niedergelassen. Im Laufe der Zeit kamen die Menschen immer besser mit der Wüste zurecht und besiegten sie schließlich – wie die Pueblo, die mehrstöckige Gebäude errichteten und erfolgreich Ackerbau betrieben.

DER KULTURRAUM DES SÜDWESTENS

Der Pueblo-Einfluss

Der Begriff „Pueblo" bezeichnet keinen einzelnen Stamm, sondern mehrere, u.a. die Hopi, Zuni und Cochiti. Ihren Nachbarn, den Apache und Navajo, gefiel die Lebensweise der Pueblo so gut, dass sie sie häufig überfielen, um sich in Besitz ihrer Vorräte und anderer Güter zu bringen.

Modernes Wohnen

Stell dir eine riesige Sandburg vor, mit Etagen, Wehr- und Aussichtstürmen. Stell dir vor, diese Sandburg wäre so groß, dass du mit Familie, Freunden und Nachbarn darin wohnen könntest. Manche Puebloindianer lebten so: in großen mehrgeschossigen Siedlungen, die aus 200 Einzelräumen bestehen konnten und an Berghängen angelegt

DAS TAOS-PUEBLO IN NEU MEXIKO IST DAS ÄLTESTE ERHALTENEN MEHRSTÖCKIGE PUEBLO IN DEN USA.

waren oder sich über dem Hochplateau einer Mesa (Tafelberg) erhoben. Diese Mehrfamilienhäuser waren nach Plänen des Dorfhäuptlings aus Steinen, dem Lehm der Mesa und Holzbalken gebaut. Jede Familie lebte in einem vorderen Raum und lagerte Vorräte und alles, was sie besaß, in kleinen Hinterräumen. In den älteren Bauwerken gab es keine Türen; um ins Haus zu kommen, stieg man mit einer Leiter aufs Dach und mit einer zweiten durch den Rauchabzug wieder hinunter. Später gab es Türen und Fenster mit Rahmen aus hellem Gips.

Im Falle eines Angriffs zog man die Leitern hoch und die Siedlung wurde zur Festung. Aber der Bau war harte Arbeit. Das Material musste hinaufgeschafft werden und alles, was die Bewohner brauchten.

Nicht alle Menschen des Südwestens lebten so. Die Navajo bauten sich Hogans: Häuser mit einem Holzrahmen, den sie mit Lehm ausfüllten. Die umherstreifenden Apachen lebten in Hütten aus Gestrüpp und Gras oder in Tipis.

EIN JUNGES HOPIMÄDCHEN MIT DER KUNSTVOLL AUFGEBAUTEN KÜRBISBLÜTEN-FRISUR.

Im Untergrund

In einem Dorf der Puebloindianer durften Kivas nicht fehlen. Dies waren unterirdische Häuser, die als heilige Stätten und gleichzeitig als Gerichtssäle und Versammlungsräume dienten. Innen brannte ein Feuer und geschnitzte Darstellungen von Tieren und Geistern zierten die Wände. Löcher in den Böden einiger Kivas erinnerten symbolisch an den Eingang zur Unterwelt. Außer bei besonderen Gelegenheiten durften Kivas nur von erwachsenen männlichen Dorfbewohnern betreten werden.

Frisuren und Outfit

Die Frisuren der unverheirateten Hopimädchen könnte man getrost als sperrig bezeichnen. Das Haar wurde zu symmetrischen Knoten aufgesteckt, die an Kürbisblüten erinnern sollten. Verheiratete Frauen flochten das Haar zu Zöpfen, die Kürbisse symbolisierten. Frauen trugen meist mit Pflanzensaft gefärbte Baumwollkleider, die eine Schulter freiließen. Ihre Mokassins hatten hohe Schäfte und man brauchte ein ganzes Hirschfell, um ein Paar davon

DIE WEICHEN STIEFEL DER APACHEN AUS ANTILOPEN- ODER HIRSCHLEDER WAREN IDEAL BEIM LAUFEN DURCHS DICKICHT.

WEB-TIPP
www.navajo.ch/indianer.htm

Pueblofrauen verbrachten täglich viele Stunden damit, Maiskörner auf einer Steinplatte mit einem Reibstein zu zermahlen.

anzufertigen. Die Männer trugen ebenfalls Baumwollsachen und bei besonderen Gelegenheiten einen weißen Kilt mit Schärpe; auch Stirnbänder waren üblich. Die Apachen und Navajo kleideten sich überwiegend in Leder, aber nachdem die Navajo das Weben erlernt hatten, stellten sie auch Baumwollkleidung her.

Leben mit dem Mais

Apachen und Navajo waren in erster Linie Jäger und Sammler, während die Puebloindianer im Laufe der Generationen sogar die trockensten Wüstenstriche in fruchtbare Gärten verwandelten, in denen Bohnen, Kürbisse, Baumwolle, Tabak und vor allem ihr wichtiger Mais wuchsen. In den Dörfern wurden über 20 verschiedene Maissorten angebaut. Sie bauten ihre Felder über unterirdischen Wasserläufen und leiteten Wasser um. Den Hauptteil der Feldarbeit erledigten Männer, Frauen waren für die Zubereitung der Nahrung zuständig. Das Trocknen des Mais war in der Wüste einfach, aber das Mahlen der Körner zwischen Steinen ging auf die Knochen. Das Mehl wurde in kochendem Wasser zu Brei gekocht oder als Teig auf heißen Steinen zu Fladen gebacken.

Megainteressant

Haar-Romantik: Wenn ein Mädchen einem Jungen öffentlich das Haar kämmte, war die Hochzeit absehbar. Beim Fest bekam der Bräutigam von seiner Schwiegermutter ein Shampoo.

Kachina
Für die Kachina oder „Wolkengeister" mussten Truthähne eine Menge Federn lassen. Die Pueblobewohner glaubten, dass die Kachina die Verbindung zwischen der Geisterwelt und der Welt der Menschen bildeten. Die Wolkengeister lebten in den Bergen, kamen aber jedes Jahr um die gleiche Zeit ins Dorf und nahmen von den Körpern von maskierten Tänzern Besitz, um die Tänze anzuführen (u.a. Regentänze). Mithilfe der kleinen Kachinapuppen wurde den Kindern die Geisterwelt erklärt.

Kalenderstöcke
Woher wussten die Menschen, wann die Kachina wiederkehren würden? Sie sahen auf die Kalenderstöcke. Die Pueblo

DURCH DIE KACHINAPUPPEN LERNTEN DIE KINDER IHRE RELIGION KENNEN. DIESE BEIDEN STELLEN AHOLI UND NAKACHOK DAR.

beobachteten regelmäßig den Wüstenhimmel und den Lauf von Sonne, Mond und Sternen. Jeder Tag wurde mit einer Kerbe auf einem Kalenderstock markiert und auch jeder Monat (der mit der neuen Mondsichel begann) wurde festgehalten. Mit den Kalenderstöcken errechneten die Indianer geeignete Termine für Feste, für die Aussaat und für die Ernte.

APACHEN WIE GERONIMO (GANZ RECHTS) KÄMPFTEN LANGE GEGEN MEXIKANER UND US-AMERIKANER, BIS SIE SCHLIESSLICH AUFGABEN.

2000 JAHRE LANG BLÜHTE DIE KULTUR DER PUEBLOINDIANER IN DER WÜSTE.

Töpfe, Decken und Körbe
Weil sie sesshaft waren, stellten viele Stämme des Südwestens schöne Tonwaren her. Die Kochtöpfe und Vorratsbehälter wurden mit Werkzeugen aus getrockneten Kürbisschalen bearbeitet und mit Pinseln aus Yuccafasern mit einer Paste aus Mineralien und Wasser bemalt. Die Papago und Pima waren wegen ihrer Korbwaren berühmt. Die Puebloindianer verarbeiteten ihre Baumwolle an eigenen Webstühlen. Sie gaben dieses Geheimnis an die Navajo weiter, deren Decken bald sehr begehrt waren.

Die spanische Eroberung
Auf der Suche nach Gold kamen spanische Eroberer 1540 in den Südwesten, gefolgt von spanischen Missionaren. Obwohl die Indianer von den ersten Kontakten profitierten – sie lernten den Anbau von Früchten, die Rinder- und Schafzucht, die Herstellung von Schmuck und Ziegeln – wurden sie bitter bestraft, als die Spanier das Land raubten und die Indianer versklavten. Die Pueblo schlugen zurück und konnten sich 20 Jahre lang der spanischen Herrschaft widersetzen, bis sie endgültig besiegt wurden.

WESTKÜSTENLEBEN

DER KULTURRAUM DER KALIFORNISCHEN WESTKÜSTE

Sonniger Himmel, herrliche Landschaft und jede Menge Nüsse – so könnte man man das Gebiet zwischen dem Pazifischen Ozean und den Sierras beschreiben, das von vielen kleinen Stämmen bewohnt wurde. Die meiste Zeit lebten die Menschen hier in Frieden und gingen der Jagd, dem Sammeln und dem Handel nach. Die Natur bot reichlich Nahrung, sodass es nicht nötig war, viel anzubauen; deshalb blieb den Menschen viel Zeit für Spiele, Tänze und Zeremonien.

Leicht und lässig
In diesem warmen Klima trugen die Männer höchstens Lendenschurze aus Tierhäuten, die Frauen schlichte Röcke. Wenn es einmal kühl war, hüllte man sich in einen Mantel aus Kaninchenfell. Auch die bevorzugten Haustypen hingen vom Klima ab. In kühleren Gebieten hoben die Menschen Gruben für Erdhäuser aus oder bauten Bretterhütten. Dort, wo die Sonne öfter schien, lebten die Indianer in kegelförmigen Schilfhütten.

MEGAINTERESSANT
FÜR UNTERSTÄNDE FLOCHTEN DIE NORDKALIFORNIER MATTEN AUS BINSEN UND BEFESTIGTEN SIE AN RAHMEN. DIE BINSENMATTEN LIESSEN LUFT DURCH, ABER KEINE SONNENSTRAHLEN – EINE NATÜRLICHE KLIMAANLAGE.

MIT EINEM WEIDENKORB WURDEN DIE SAMEN VON DEN ÄSTEN GESCHLAGEN

Eicheln in Massen
Zweifellos gab es in jeder der 100 Sprachen, die in Kalifornien gesprochen wurden, ein Wort für „Eichel", das Hauptnah-

TRAGKÖRBE WIE DIESER DIENTEN ALS BEHÄLTER FÜR PFLANZEN UND SAMEN, ABER AUCH ALS TIERFALLEN UND ZUM KOCHEN.

rungsmittel. Das Eichelnsammeln war Aufgabe der Frauen, die diese nahrhaften, aber nicht gerade leckeren Früchte vom Waldboden auflasen. Die Eicheln wurden in riesigen Mengen gelagert. Weil Eicheln Gerbsäure enthalten (die gleiche Substanz, die Tee bitter schmecken lässt), mussten sie vor dem Essen sorgfältig aufbereitet werden: Sie wurden gewaschen und zu grobem Mehl zermahlen, das in Körbe gefüllt wurde, die man über einer Sandgrube aufhängte. Dann wurden die Körbe mit Wasser übergossen, um das Tannin (den Gerbstoff) aus dem Mehl zu waschen. Das getrocknete Eichelmehl wurde roh gegessen oder zu Brei gekocht. Der übrige Speiseplan hing von der

DIE MENSCHEN DER NORDWESTKÜSTE BEWAHRTEN IHR MUSCHELGELD IN BEHÄLTERN AUS HIRSCHHORN AUF.

Umgebung ab. Die Stämme an der Küste aßen Muscheln und Fisch, während man im Landesinneren auf die Jagd ging und Lachse fing.

Bootsbauer

Die Menschen, die an der Pazifikküste lebten, waren ausgezeichnete Bootsbauer. Die Chumash stellten aus Treibholz hochsee-

DIE KALIFORNISCHEN STÄMME LEBTEN ZURÜCKHALTEND UND FRIEDLICH.

tüchtige Kanus her, die sie tomols nannten. Sie spalteten das Holz zu Brettern, bohrten in deren Ränder Löcher und nähten die Bretter mit Schnur zusammen, die sie aus einem Schwalbenwurzgewächs drehten. Eine Schicht Teer machte das Boot wasserdicht. In einem Boot fuhren meist zwei Männer mit sowie ein Junge, der beim Ausschöpfen half. Immer, wenn ein neues Boot zu Wasser gelassen wurde, versammelten sich die Dorfbewohner am Strand, um dieses Ereignis zu feiern.

Handlungsreisen

Viele Stämme handelten miteinander. Sie tauschten Eicheln gegen Fisch, Körbe gegen Bögen, Samen gegen Muschelschalen. Einige dieser Muscheln wurden auf Schnüre gezogen und als Zahlungsmittel verwendet. Die Yurok bezahlten damit nicht nur Güter, sondern auch Strafen. Mit zwei Schnüren konnte man z. B. ein Boot kaufen, mit fünf ein Bretterhaus und mit zehn eine reiche Frau (für eine arme Frau bezahlte man nur acht Schnüre). Wer den Namen eines Toten aussprach, musste zwei Schnüre zahlen, wer eine wichtige Person umgebracht hatte, fünfzehn.

Missionen

Im Jahre 1789 erweiterte Spanien sein mexikanisches Reich bis nach Kalifornien und gründete entlang der Küste eine Kette von 21 Missionen. Die Missionare wollten die Ureinwohner zum katholischen Glauben bekehren und dadurch die Herrschaft Spaniens festigen. Die Missionen brauchten viele Arbeitskräfte und lockten Indianer an, die sich hier mit Pocken, Masern, Grippe und anderen Krankheiten ansteckten, an denen die Hälfte der Bevölkerung zugrunde ging. Als 1849 die Goldsucher nach Kalifornien kamen, sahen sich die Überlebenden einer weiteren Katastrophe gegenüber.

In ihrer Gier nach Gold gingen die Weißen rücksichtslos gegen die Kalifornier vor, denen jahrhundertelang das Land gehört hatte.

WEB-TIPP
www.ceres.ca.gov/nahc/
Der kalifornische Kulturraum

DIESES CUMASHPAAR (UM 1880) POSIERTE AUF EINEM FELD DER MISSION VON SANTA BARBARA (KALIFORNIEN).

TOTEMSCHNITZER

DER KULTURRAUM DER NORDWEST-KÜSTE

Wasser, überall Wasser – nicht nur in Meer und Flüssen, sondern auch vom Himmel. Das feuchte Klima der nordwestlichen Pazifikküste begünstigte das Wachstum riesiger Nadelwälder und es bot sich so viel Nahrung, dass es nicht notwendig war, Ackerbau zu betreiben. Etwa 30 Stämme lebten inmitten der Wälder und Fjorde des Nordwestens, die meisten von ihnen auf dem schmalen Streifen zwischen dem Ozean und den Küstengebirgen.

TOTEMPFÄHLE ERZÄHLEN GESCHICHTEN DES PAZIFISCHEN NORDWESTENS.

Tierbilder und Pfähle
Ein typisches Dorf bestand aus Holzhäusern aus Zedernholzpfählen und -brettern, jedes groß genug für einen Häuptling und etwa 40 Verwandte. Die Häuser waren mit fantastischen Bildern bemalt, die alle Seiten eines Tieres darstellten. Vor den Häusern standen hohe Totempfähle: geschnitzte und bemalte Zedernstämme, die Familiengeschichten erzählten.

IN MANCHE TOTEMPFÄHLE WAR DER HAUSEINGANG EINGELASSEN. ANDERE STANDEN FREI.

WEB-TIPP
www.indianer-web.de/
nordwest/totem.htm

DIE HOHEN TOTEMPFÄHLE SIND DAS SYMBOL DER STÄMME DES NORDWESTENS.

Bunte Geschichten
Die Schnitzereien auf einem Totempfahl erzählen von einer Familie. Bilder von Familienmitgliedern, von Tieren wie Donnervögeln, Bären, Raben und Walen oder von Geistern stellen symbolisch Ereignisse aus der Familiengeschichte dar.

Pole position
Der Rang einer Familie in der Gesellschaft spielte bei den Stämmen des Nordwestens eine wichtige Rolle. Der soziale Status der Eltern wurde auf die Kinder vererbt (im Norden über die Familie der Mutter, im Süden über die Familie des Vaters). Ganz oben auf der Rangleiter standen die Familien der Häuptlinge, darunter die einfachen Leute und ganz unten die Sklaven, die gekauft oder in Kriegen gefangen genommen worden waren.

Regenkleidung aus Naturstoff

Die Menschen des Nordwestens trugen selten Schuhe oder Kleidung. Allerdings versuchten sie möglichst trocken zu bleiben. Deshalb besaßen sie geflochtene Hüte, die wie umgestülpte Schüsseln aussahen. Aus Zedernrindengarn fertigten sie Regenponchos. Zu feierlichen Anlässen trugen Männer wie Frauen Hemden aus Zedernrinde, Kappen aus Otterfell und bemalte Hüte sowie Nasenschmuck aus Muschelschalen (fast jeder hatte sich Löcher in Nasen und Ohren bohren lassen) und Lippenpflöcke (ovale Stäbchen durch ein Loch in der Unterlippe).

Auf zur Waljagd!

Im Nordwesten Nahrung zu finden war einfach. Wer keine Lust auf Fisch hatte, konnte einen Bären oder ein Rentier erlegen, im Wald gab es Beeren, Knollen und Vogeleier. Am Strand fand man tote Wale, die man ganz und gar verwerten konnte. Die Nootka warteten nicht, bis ein Wal angespült wurde; sie stachen mit Holzkanus in See, bewaffnet mit Harpunen mit Spitzen aus scharfen Muschelschalen. Sie stachen einen Wal kampfunfähig; dann töteten sie ihn durch einen Stich ins Herz und schleppten ihn ans Ufer.

Geheime Tänze

Nicht nur Totempfähle bewiesen das Talent der Holzschnitzer, sondern auch Masken. Diese wurden bei der Aufnahme in Geheimgesellschaften getragen. Masken in Gestalt von zweiköpfigen Schlangen, Adlermenschen, wilden Männern und Wölfen verwandelten ihre Träger in Figuren aus den Sagen des Stammes. Für spezielle Effekte verwendete man Schilfrohre für unheimliche Stimmen und mit Blut gefüllte Robbenblasen, die dramatisch zerplatzten. Trommeln und die Rassel des Schamanen erzeugten hypnotische Musik.

VON EINEM FELSEN ÜBER DEM FLUSS AUS HARPUNIERT EIN FISCHER LACHSE.

DIESE GESCHNITZTE MASKE DER KWAKIUTL VERWANDELT EIN VOGELGESICHT IN EIN MENSCHENGESICHT.

Geschenke!
Bei Geburten, Hochzeiten, der Ernennung eines Häuptlings und anderen besonderen Anlässen wurde bei den Stämmen des Nordwestens tagelang gefeiert, ein Potlach. Der Gastgeber gab seinen Gästen wertvolle Geschenke.

Weiches Gold
Um 1800 segelten die ersten Europäer nach Norden, um „weiches Gold" (Otterfelle) zu kaufen. Viele Indianer waren gerne bereit, Felle gegen Werkzeug aus Eisen einzutauschen. Bald wurden die Totempfähle höher, die Potlachfeste verschwenderischer, die Häuser größer. Krankheiten und die Gier der Einwanderer bedrohten die Überlieferungen, aber viele Indianer konnten sich in ihrer Heimat behaupten.

EIN GEMUSTERTES TANZGEWAND DER CHIKAT. ES IST AUS ZEDERNRINDE UND GEFÄRBTEM BERGZIEGENHAAR GEWEBT.

DER EISIGE NORDEN

DER KULTURRAUM DER ARKTIS UND SUBARKTIS

Die Bewohner des hohen Nordens hatten es schwer. Der Winter verwandelte das Meer in eine riesige Eisfläche und Schneestürme brachten alles zum Stillstand. Die Sommer waren sehr kurz – zu kurz für Ackerbau. Die Menschen verbrachten die schnell kürzer werdenden Tage damit, möglichst große Vorräte anzulegen, und wurden dabei unbarmherzig von den Moskitos gejagt. Trotzdem blieben die Bewohner des hohen Nordens ihrem Lebensraum treu. Aus den wenigen Rohstoffen entwickelten sie raffinierte Gerätschaften und Kleidungsstücke, die ihr Leben angenehmer machten.

Dach überm Kopf

Nordische Stämme bauten ihre Häuser auch aus Schnee und Eis. Wo es Bäume und Treibholz gab, errichteten sie Wigwams, bedeckt mit Rinde oder Tierhäuten. Umherstreifende Stämme führten zerlegbare Tipis mit. Waldbewohner bauten Häuser aus Baumstämmen. Einige Stämme wohnten im Sommer in Zelten und im Winter in Schneehäusern.

In einem Schneehaus

Ein warmes, trockenes Haus ganz aus Schnee? Das Iglu der Inuit bot guten Schutz vor eisigen Temperaturen, denn seine Kuppelform ließ die aufsteigende warme Luft nicht entweichen. Der Schnee für ein Iglu musste glatt und fest sein und von einem einzigen Schnee-

DER EINGANGSTUNNEL HIELT KALTE LUFT VOM INNEREN DES IGLUS AB.

fall stammen. Er wurde in Blöcke geschnitten, diese wurden spiralig übereinander gelegt. Oben ließ man einen Rauchabzug frei, ein Fenster über dem Eingang wurde mit klarem Eis verglast oder mit einem Stück Robbendarm. Lücken wurden mit weichem Schnee verputzt.

Eine Plattform aus Schnee wurde mit Fellen abgedeckt, auf denen man sitzen und schlafen konnte. Eine mit Robbenfett betriebene Lampe erhellte den Innenraum und diente als Kocher. Manche Leute bauten zusätzliche kleine Iglus, die sie als Lagerräume, Hundehütten und Toiletten nutzten.

WASSERDICHTER ANORAK DER INUIT AUS ROBBENDARM

Wie eine Zwiebel

Wie gemütlich es auch sein mochte – gelegentlich musste man raus. Die Indianer wussten, dass mehrere Lagen Kleidung am besten warm halten. Deshalb trugen sie als Unterwäsche ein Hemd und Leggings mit Füßlingen aus Rentierfell, Fellseite nach innen. Darüber kamen eine Felljacke mit Kapuze, eine dicke Hose sowie hohe Pelzstiefel, gefüttert mit Grasgeflecht oder Vogelhaut. Pelzmütze und Fäustlinge rundeten die Winterausrüstung ab.

Fischen und Jagen
Fleisch und Fisch waren die Nahrungsmittel in dem eisigen Land; ab und zu gab es Pflanzen und Beeren. In der Arktis wurden vor allem Robben gefangen, in der Subarktis zusätzlich Lachs, Elch, Bär, Hirsch und Bison. Fleisch und Fisch wurden gebraten, geräuchert, gekocht oder sogar roh gegessen. Die Menschen zogen im Jahreslauf hinter ihrer Beute her. Im Frühling jagten sie in ihren Kajaks aus Robbenhäuten Wale. Im Sommer fingen sie Rentiere, Enten und Gänse. Im Winter streiften die Jäger auf Schneeschuhen auf der Suche nach Wild umher. Robben wurden aus dem Eis gezogen, wenn sie zum Luftholen hochkamen.

Fellhandel
Die Bewohner des eisigen Nordens konnten länger als alle anderen Ureinwohner Amerikas ihren Lebensstil aufrechterhalten, weil ihr Lebensraum so abgelegen war. Doch der zunehmende Kontakt mit Pelzhändlern brachte große Veränderungen. Die eingetauschten Waffen führten zur raschen Abnahme der Wildbestände. Die Bewohner der Arktis und Subarktis konnten nicht mehr von der Jagd leben und wurden von fremder Hilfe abhängig.

WENN DAS EIS AUFBRACH, JAGTEN DIE MENSCHEN IN IHREN KAJAKS ROBBEN UND WALRÖSSER.

INFO-TEIL

Du kannst das Buch *Indianer* zuerst gründlich lesen oder aber gleich diesen Teil durchblättern. Auf jeden Fall findest du auf den folgenden acht Seiten wertvolle Informationen: eine Chronik der Geschichte der Indianer, eine Liste der Stämme, eine Erklärung ihrer Namen, ein Glossar und eine Liste mit interessanten Internetseiten zu Indianern, ihren Sprachen, ihrer Kultur und ihrem heutigen Leben. Damit wirst du schon bald zu einem Indianer-Experten.

CHRONIK DER INDIANER

Um 35 000 v.Chr. Zwischen Asien und Amerika entsteht eine Landbrücke, die um 26 000 v.Chr. wieder verschwindet. Tiere wandern hinüber, von Menschen blieben kaum Spuren.

Um 26 000 v.Chr. Die Landbrücke erscheint wieder. Die meisten Wissenschaftler glauben, dass die ersten Amerikaner in dieser Zeit eingewandert sind.

Um 10 000 v.Chr. Werkzeug und Überreste von Jagdaktionen und Siedlungen belegen, dass Menschen die Landbrücke nutzten.

Um 5000 v.Chr. In der Nähe der Großen Seen entstand die Kupferkultur; Menschen verarbeiteten Kupfer zu Werkzeugen.

Um 4000 v.Chr. Die Vorfahren der Inuit erscheinen im hohen Norden.

Um 300 v.Chr. Die Hopewell-Kultur blüht in Flusstälern des mittleren Westen und Ostens Nordamerikas.

Um 900 n.Chr. Die Kultur der „Mounds" genannten Erdhügel entwickelt sich zwischen Mississippi und Atlantischem Ozean.

Um 900 Die Anasazi erbauen die Felsenhäuser der Pueblo-Siedlung in Neu Mexiko.

Um 1000 Die erste bekannte Begegnung zwischen den Bewohnern Europas und Amerikas, den Wikingern und den Inuit auf Neufundland.

Um 1200 Vorfahren der Apachen und Navajo wandern in den Südwesten.

Um 1400 Die Irokesenliga wird gegründet.

1492 Auf seiner spanisch finanzierten Expedition erreicht Christoph Kolumbus die Karibik. Er glaubt, Indien vor sich zu haben, und nennt die Menschen dort „Indianer".

Um 1500 Die Thule-Kultur der Inuit entwickelt sich in der Arktis.

Um 1500 Die ersten Indianer sterben an den aus Europa eingeschleppten Krankheiten, gegen die sie keine Abwehrkräfte besitzen.

1565 In St. Augustin (Florida) gründen Spanier die erste feste Siedlung der Europäer in Nordamerika.

1620 Die Pilgerväter wandern von England nach Amerika ein; unter den Indianern breitet sich eine Pockenepidemie aus.

1629 Die Spanier gründen im Südwesten Missionsstationen.

1680 Stämme der Puebloindianer leisten erfolgreichen Widerstand gegen die Spanier.

1689 Beginn der Kolonialkriege zwischen Frankreich, England und ihren indianischen Verbündeten.

1751 Benjamin Franklin entwirft nach dem Vorbild der Irokesenliga seinen Albany Plan einer Union, dessen Grundgedanken später in die Verfassung der USA aufgenommen werden.

1754–1763 Französisch-Indianischer Krieg. England und Frankreich kämpfen um ihre amerikanischen Kolonien.

1761 Aufstand der Aleuten in Alaska gegen die Russen.

1763 König Georg III. spricht das Land westlich der Appalachen den

Indianern zu. Die Siedler halten sich nicht daran.
1765 In Kanada wird das erste Indianerreservat gegründet.
1781–1789 Die neue Verfassung der USA erlaubt der Regierung, den Handel mit den Stämmen zu regeln.
1803 Durch den Erwerb von Louisiana gewinnen die USA neues Land westlich des Mississippi und wollen die östlichen Stämme dort ansiedeln.
1804–1806 Die Expedition von Lewis und Clark erschließt den Westen.
1809–1811 Shawneehäuptling Tecumseh erstrebt eine Allianz der Stämme der Großen Seen, des Südostens und des Ohio-Tals gegen die USA.
1809–1823 Sequoyah entwickelt sein Cherokee-Alphabet.
1825 Die Politik der indianischen Reservate beginnt mit der Gründung eines Indianerterritoriums westlich des Mississippi.
1817 Erster der beiden Seminolen-Kriege der USA gegen die Stämme Floridas.
1830 Der Indian Removal Act führt 1831–1839 zur Zwangsumsiedlung der Stämme des Südostens in das Territorium im Westen.
1848–1849 Wegen des Goldrauschs dringt eine große Zahl Siedler in die westlichen Gebiete vor.
1851–1869 Im Westen toben die Kriege zwischen Indianern und US-Armee. Häuptling Red Cloud erringt mit seinen Kriegern einen Sieg, die Mehrheit der Stämme aber erleidet vernichtende Niederlagen.
1867 Die USA erwerben von Russland Alaska.
1871 Der Kongress bestätigt seinen letzten Vertrag mit den Indianern.
1885 Die letzte große Bisonherde wird vernichtet.
Um 1900 Die indianische Bevölkerung Nordamerikas sinkt unter 250 000.
1934 Der Indian Reorganization Act gestattet den Indianern Landbesitz und Selbstverwaltung.
1946 Die Regierung beginnt, die Sonderrechte der Stämme abzuschaffen.
1951 Die in Kanada lebenden Indianer erhalten das Wahlrecht.
1961 Geburt der modernen indianischen Bürgerrechtsbewegung.
1964 Der US Civil Rights Act verbietet die Diskriminierung aufgrund von Hautfarbe, Rasse, Religion oder Abstammung.
1965 Wahlrecht auch für Indianer.
1969 Die Festungsinsel Alcatraz vor San Francisco wird besetzt, um auf die Anliegen der Indianer aufmerksam zu machen.
1970 bis heute Viele Indianer klagen vor Gericht auf Rückgabe ihres Landes.
1973 Eine Demonstration bei Wounded Knee endet mit dem Tod zweier Indianer.
1978 Ein Gesetz gewährt den Indianern freie Religionsausübung.
1988 Ein Gesetz erlaubt den Stämmen, in den Reservaten gewinnbringende Spielkasinos zu betreiben.
1990 Per Gesetz müssen Skelette, Grabbeigaben und sakrale Gegenstände, aus Museen u.ä., an die Indianer zurückgegeben werden.
2003 Geplante Eröffnung des National Museum of the American Indian in Washington, D.C.

KULTURRÄUME UND STÄMME

Indianer sehen sich als Angehörige von Stämmen. Die Herkunft der Stammesnamen ist nicht immer leicht zu klären. Manche beschreiben den Lebensraum oder die Lebensgewohnheiten eines Volkes. Hualepai z.B. bedeutet: „Menschen der hohen Kiefern", während die Chumash die „Menschen, die Muschelgeld machen" sind. Andere, nicht immer sehr schmeichelhafte Namen, wurden von Nachbarn verliehen; so ist Apache das Zuniwort für „Feind". Einige Namen gehen auf europäische Bezeichnungen zurück und bürgerten sich mit der Zeit ein, während man über die Entstehung anderer schlicht nichts weiß.

Stämme des Nordostens
Abnaki, Algonkin, Assiniboin, Cayuga, Chippewa, Delaware, Östliche Cree, Östliche Dakota (Santee Dakota, Teton Dakota, Yankton Dakota), Eno, Fox, Honiasont, Huronen, Irokesen, Malecite, Massachuset, Mattaponi, Menonimee, Micmac, Mohawk, Mohegan, Monacan, Moneton, Montagnais, Montauk, Mosopelea, Nanticoke, Narragansett, Nottoway, Oneida, Onondaga, Ottawa, Paleo-Indianer, Pamlico, Pamunkey, Passama-Quoddy, Pennacook, Penobscot, Pequot, Pocomtuc, Potawatommi, Powhatan, Saponi, Seneca, Susquehanna, Tobacco Nation, Tuscarora, Tutelo, Waccamaw, Wampanoag, Winnebago

Stämme des Südostens
Ais, Alibamu, Apalachee, Biloxi, Calusa, Catawba, Cheraw, Cherokee, Chickasaw, Chitmacha, Choctaw, Cusabo, Cuale, Hitichi, Houma, Kaskinapo, Koasati, Koroa, Kusso-Natchez, Lower Creeks, Quapaw, Santee, Seminole, Taensa, Taino, Tekesta, Timucua, Tunica, Upper Creeks, Waccamaw, Wateree, Yamasi, Yazoo, Yuchi

Stämme der Plains und der Prärie
Arapaho, Arikara, Blackfoot, Blood, Caddo, Cheyenne, Coahuilteco, Comanche, Crow, Gros Ventre, Hidatsa, Illinois, Iowa, Kanza, Karankawa, Kichai, Kickapoo, Kiowa, Lakota Sioux, Lipan Apache, Mandan, Miami, Missouri, Omaha, Osage, Oto, Paducah Apache, Pawnee, Piegan, Ponca, Quapaw, Rosebud Sioux, Shawnee, Sicangu Lakota, Sutaio, Tawakoni, Tonkawa, Westliche Cree, Wichita

Stämme des Großen Beckens
Gosiute, Jicarilla, Mono, Paiute, Paviotso, Ute, Washo.

Stämme der Hochebene
Bannock, Bella Coola, Cayuse, Chilcotin, Coeur d'Alêne, Flathead, Kalispel, Klamath, Klikitat, Kutenai, Lillooet, Methow, Modoc, Molala, Nez Percé, Okinagan, Sarsi, Shoshone, Shuswap, Spokane, Thompson, Tunahe, Umatilla, Walla Walla, Yakima

Stämme des Südwestens
Coyotero Apache, Hopi, Keres, Maricopa, Mescalero Apache, Mimbreño Apache, Mohave, Navajo, Opata, Papago, Pima, Tano, Tarahumara, Wallapai, Yavapai Apache, Yuma, Zuni.

Stämme Kaliforniens
Achomawi, Atsugewi, Cahuilla, Chemehuevi, Chumashan, Cocopas, Costanoan, Diegueño, Gabrielino, Hupa, Kato, Kern River, Laguna, Luiseño, Maidu Mechoopda, Mattole Mmiwok, Pomo, Salinan, Serrano, Shasta, Taino, Taos Pueblo, Walaki, Wappo, Wintun, Yani, Yokuts, Yuki

Stämme des Nordwestens
Alsea, Bella Bella, Chehalis, Chinook, Comox, Coos, Cowichan, Cowlitz, Haida, Kalapuya, Karok, Kwakiutl, Kwalhioqua, Lummi, Makah, Nootka, Quileute, Quinaielt, Salish, Siuslaw, Skagit, Takelma, Tilamook, Tlingit, Tolowa, Tsimshian, Tutuni, Twana, Umqua, Wasco, Wiyut, Yurok

Stämme der Arktis und der Subarktis
Aleuten, Beaver, Beothuk, Carrier, Chipewyan, Cree, Gwich'in, Ingalik, Innu, Inuit, Kutchin, Métis, Montagnais, Naskapi, Slavey

WAS SAGT EIN NAME?

Die meisten Namen von Stämmen auf dieser Liste bedeuten eigentlich das gleiche: „das Volk", „die Menschen", „wir" in der jeweils von den Angehörigen dieses Stammes gesprochenen Sprache. In den Zeichensprachen wurden mitunter zur Bezeichnung der Stämme Gesten entwickelt. Auf der Prärie bedeutete z.B. eine schnelle Handbewegung quer über die Kehle „Sioux", während mit dem waagerechten Durchziehen des Zeigefingers unter der Nase die „Nez Percé" gemeint waren.

GLOSSAR

Adobe Luftgetrocknete Lehmziegel, aus denen einige Stämme des Südwestens ihre Häuser bauten.
Ahle Spitzes Werkzeug, mit dem man Löcher in Holz oder Leder bohrt.
Appaloosa Pferde mit außergewöhnlich gezeichnetem Fell, gezüchtet von den Nez Percé.
Calumet Langstielige Pfeife für zeremonielle Anlässe.
Chickee Haus der Seminole auf Stelzen, mit offenen Seiten und einem Schilfdach.
Chunkey Stockwurfspiel, das im Südosten sehr beliebt war.
Clan Gruppe von Stammesangehörigen mit gemeinsamem Vorfahr.
Coup Eine besonders verwegene oder mutige Tat, meistens im Krieg. Krieger, die Coups nachweisen konnten, durften Ehrenabzeichen tragen, z. B. Adlerfedern.
Einbaum Einfaches Boot; man höhlt einen Baumstamm durch Feuer aus und bringt ihn in die gewünschte Form.
Eiszeit Erdzeitalter, in dem große Teile der Erde von Eis bedeckt waren.
Erdhaus In den Boden gegrabenes Haus.
Häuptling Anführer eines Stammes, der aufgrund seines Wissens, seiner Erfahrung und seines Ehrgefühls ernannt wurde.
Iglu Kuppelförmiges Haus aus Schneeblöcken.
Indianer Bezeichnung für die amerikanischen Ureinwohner, die sich selbst seit etwa 1960 „Native Americans" nennen.
Inuit Eigenbezeichnung der Ureinwohner der Arktis.
Kachina In der Vorstellung der Puebloindianer ein hilfreicher Geist, der von einem maskierten Tänzer oder einer Puppe dargestellt werden kann.
Kajak Einer-Boot aus Tierhäuten, die über einen Knochen- oder Holzrahmen gespannt werden.
Kiva Erdhaus, in dem sich männliche Puebloindianer zu zeremoniellen Anlässen treffen.
Kultur Sitten und Glaubensvorstellungen, die das Leben einer Gemeinschaft bestimmen.
Langhaus Mehrfamilienwohnhaus der Irokesen, bestehend aus einem Holzrahmengerüst mit Rindenverkleidung.
Liga Politische Allianz zwischen zwei oder mehr Stämmen.
Métis Bezeichnet in Kanada Nachkommen von Verbindungen zwischen Weißen und Indianern.
Mission Eine Niederlassung von Missionaren.
Missionar Jemand, der andere zu seiner Religion bekehren will.
Mokassin Bei den Indianern gebräuchliche Schuhe aus weichem Leder.
Pemmikan Nährstoffreiches und haltbares Lebensmittel aus gestampftem Trockenfleisch, Fett und Beeren.
Piki Brot aus gemahlenem Mais,

das im Südwesten zu den Grundnahrungsmitteln gehörte.

Potlach Wichtige Zeremonie der Stämme des Nordwestens, bei denen der Gastgeber seine Gäste reich beschenkte – und die Gäste seine Geschenke angemessen erwidern mussten.

Powwow Modernes indianisches Festival, bei dem sich verschiedene Stämme u.a. zu Gesang und Tanz versammeln.

Pueblo Spanisch „Dorf" – üblich gewordene Bezeichnung für die mehrstöckigen Mehrfamilienhäuser aus Lehmziegeln der Indianer des Südwestens.

Quiltwork Traditionelle indianische Stachelschweinborstenstickerei.

Reservation Gebiet, das von der Regierung für einen bestimmten Stamm als neues Siedlungsgebiet bereitgestellt wird.

Rohleder Ungegerbtes, dickes und widerstandsfähiges Leder.

Shamane/Schamanin Mann oder Frau, der oder die in Kontakt mit der Geisterwelt treten kann; häufig auch Heiler/Heilerin.

Schwitzhütte Kuppelförmiges Zelt aus gebogenen Stangen, mit Tierhäuten abgedeckt. Im Inneren wird mit heißen Steinen oder Feuer Hitze erzeugt. Das Schwitzen galt als Reinigungsritual vor Zeremonien.

Stamm Gemeinschaft von Menschen, die Sprache, Bräuche und religiöse Glaubensvorstellungen gemeinsam haben.

Stammesrat Versammlung angesehener Mitglieder eines indianischen Stammes.

Tipi Kegelförmiges Zelt der Präriebewohner aus Tierhäuten über einem Stangengestell.

Totempfahl Hoher, geschnitzter Baumstamm mit Darstellungen von Tieren, Menschen und Geistern, typisch für die Kultur der Nordwestküste.

Travois A-förmige Schleppe aus zwei Stangen, die durch ein Brett, Geflecht u.ä. miteinander verbunden werden; das Travois diente zum Lastentransport und wurde von einem Hund oder Pferd gezogen.

Wampum Kleine rote und weiße Muscheln, die auf Schnüre gezogen als Gedächtnisstütze für Ereignisse in der Geschichte des Stammes dienten, auch eine Form von Geld.

Wikiup Ovales, leicht abbaubarer Unterstand aus Stangen und Gestrüpp.

Wigwam Kuppelförmiges Haus aus jungen Baumstämmen, mit Grassoden oder Rindenstücken bedeckt.

Wildleder Weiches Leder, in Nordamerika meist von Hirschen.

Wounded Knee Ort, an dem 1890 US-Truppen ein Massaker an Angehörigen der Sioux- und Cheyenne-Stämme verübten, bei dem etwa 300 Menschen umkamen.

Yucca Weißblühende Pflanze aus der Familie der Agaven mit steifen, spitz zulaufenden Blättern.

Zwangsumsiedlung Die Politik der US-Regierung, Stämme zur Aufgabe ihres Lebensraums zu zwingen und in einer anderen Region unterzubringen.

INDIANER-WEBSITES

www.aktionsgruppe.de
Informationen rund um das Thema Ureinwohner Nordamerikas und Menschenrechte.

www.naaog.de
Auf den Seiten der Native American Association of Germany e.V. gibt es viele Informationen über Indianer und Powwows in Deutschland.

www.ncai.org
Die älteste und größte nationale politische Organisation steht im Dienst der über 250 indianischen Stämme in den USA und Alaska.

www.inac.gc.ca
Dazu gedacht, kanadische Ureinwohner über Regierungsprogramme und Sonderleistungen zu informieren; Kinderseite „Kid's Stop" mit Sprachen zum Anhören.

www.gatheringofnations.com
Förderung indianischer Kultur und Tradition. Sehr viel Informationen und Fotos von Powwows.

www.geocities.com/lakotaaustausch/index2.htm
Ein deutsch-indianischer Jugendaustausch stellt sich vor.

www.gfbv.de/voelker/nordam/inhalt.htm
Die Gesellschaft für bedrohte Völker bietet historische und aktuelle Infos über die Minderheiten der Welt.

www.nativeculture.com
Portal zu indianischen Informationen im Internet.

www.nativetech.org
Sehr gut gemachte Website über Kunst und Technologie der Menschen des östlichen Waldlands mit interaktiven Spielen, einem virtuellen Besuch in einem Wigwam und vielen Rezepten.

www.thePeoplesPaths.net
Weist den Weg zu indianischen Websites, Infos, Chats, Textarchiven, Museen und vielem mehr.

www.jadukids.de
Eine Art Suchmaschine für Kinder, die zum Thema „Cowboys & Indianer" einiges zu bieten hat.

www.redinkmagazine.org
Ein Magazin für indianische Gegenwartsliteratur, Fotografie und Kunst.

www.nmai.si.edu
Die Seiten des National Museum of the American Indian bieten Links zu Hunderten von Websites. Die Eröffnung des Museums in Washington D.C. ist für 2003 geplant.

www.ahs.wwaterloo.ca/~museum/vexhibit/inuit/german/dinuit.html
Hier gibts Informationen über die Inuit und Anleitungen zu ihren Spielen.

www.iiv.de/taufk/buerger/badura/indianer.htm
Interessantes über Herkunft, Märchen, Weisheiten und Symbole der Indianer Nordamerikas.

www.indianer-welt.de
Die Geschichte der Indianer Nord-, Mittel-, und Südamerikas: Inka, Azteken, Maya und Anasazi und auch weniger bekannte Stämme wie die Hohokam, Paracas, Olmeken und viele andere mehr.

www.indianer-web.de
Infos zu allen in diesem Buch angesprochenen Themen, historischen Persönlichkeiten und Ereignissen, aktueller Situation etc.

www.nativetelecom.org
Hier kann man sich in Sendungen des Native American Radio einloggen oder in das American Indian Radio on Satellite (AIROS) reinhören.

http://collections.ic.gc.ca
Eine überwältigende Sammlung von Websitelinks und Online-Infoquellen zur Geschichte Kanadas und seiner Ureinwohner.

www.icom.org/vlmp
Der schnellste Weg in die Indianersammlungen der Museen.

www.smb.spk-berlin.de/mv/indianer/
Die Homepage des Ethnologischen Museums in Berlin bietet Informationen zur Ausstellung „Indianer Nordamerikas" mit interaktiver Karte zu den verschiedenen Kulturräumen.

www.united-states-marshal.de/indianerenzyklopaedie21.html
Kurze Infos über Kultur, Geschichte und Vertreibung sowie Bevölkerungszahlen sehr vieler Stämme bietet eine US-amerikanische Indianerenzyklopädie in deutscher Sprache.

www.hanksville.org/NAresources
Riesiges Verzeichnis indianischer Sites im Internet.

REGISTER

DANK

Dorling Kindersley möchte folgenden Personen danken: Almudena Diaz und Nomazwe Modonko für ihre Unterstützung beim DTP, Sally Hamilton für die Bildrecherche und Chris Bernstein für die Erstellung des Registers.

Zusätzliche Fotos von: Peter Chadwick, Lynton Gardiner, James Stevenson und Tina Chambers.

Grafik von John Woodcock.

Unser besonderer Dank gilt dem American Museum of Natural History.

Bildnachweis

Dorling Kindersley dankt den Folgenden für die freundliche Genehmigung, ihre Fotos zu verwenden:
M = Mitte; u = unten;
l = links; r = rechts; o = oben

AKG London: Military Academy Museum 59.
Ancient Art & Architecture Collection: 78-79.
Bridgeman Art Library, London/New York: 21u, 22.
Corbis: 8-9; 17u Bettmann 6-7.
Mary Evans Picture Library: 9or, 27or, 37u.
Hulton Getty: 10-11.
Peter Newark's Pictures: 3, 4o, 15, 19, 20or, 25, 26, 28ol, 29, 30-1, 32-3, 33ol, 35ur, 38-39, 41, 42, 43uM, 44Mr, 46Ml, 49ol, 52-53, 65, 68-69, 70oM, 73or, 78ur, 80ur, 84;
Albert Bierstadt 54-55.
Oconaluftee Indian Villanage: 51.
Smithsonian Institute: 60-61, 63, 71ol.
World Pictures: 82-83u.

Umschlag:
American Museum of Natural History.